L'Enfance de Jésus

Joseph RATZINGER
BENOÎT XVI

L'Enfance de Jésus

Traduit de l'allemand
par Mère Marie des Anges Cayeux, o.p.,
Père Jean Landousies, c.m.
et Mgr Jean-Marie Speich

Flammarion

Titre original :
Jesus von Nazareth. Die Kindheitsgeschichten
© 2012 Libreria Editrice Vaticana, Città del Vaticano
© 2012 RCS Libri S.p.A., Milano
All rights reserved
© Flammarion, 2012, pour l'édition française
ISBN : 978-2-0812-9577-3

AVANT-PROPOS

Je peux enfin mettre entre les mains du lecteur le petit livre promis depuis longtemps sur les récits de l'enfance de Jésus. Il ne s'agit pas d'un troisième volume, mais d'une porte d'entrée à mes deux précédents ouvrages consacrés à la figure et au message de Jésus de Nazareth. J'ai cherché à interpréter, en dialoguant avec des exégètes d'hier et d'aujourd'hui, ce que Matthieu et Luc racontent, au début de leurs Évangiles, sur l'enfance de Jésus.

Une interprétation juste, selon moi, requiert deux étapes. D'abord, il faut se demander ce qu'ont voulu dire, à leur époque, les auteurs de ces textes – c'est la composante historique de l'exégèse. Mais il ne faut pas laisser le texte dans le passé, en l'archivant parmi les événements arrivés il y a longtemps. La seconde question doit être : « Ce qui est dit est-il vrai ? Cela me regarde-t-il ? Et si cela me regarde, de quelle façon ? » Devant un

7

texte tel qu'un texte biblique, dont l'ultime et le plus profond auteur, selon notre foi, est Dieu lui-même, la question du rapport du passé avec le présent fait immanquablement partie de l'interprétation elle-même. En cela le sérieux de la recherche historique n'est en rien diminué, mais augmenté.

C'est en ce sens que je me suis attaché à entrer en dialogue avec les textes. Je suis bien conscient que cet entretien au croisement entre passé, présent et futur ne pourra jamais être achevé, et que toute interprétation reste en deçà de la grandeur du texte biblique. J'espère que ce petit livre, malgré ses limites, pourra aider de nombreuses personnes dans leur chemin vers et avec Jésus.

Castel Gandolfo,
en la solennité de l'Assomption de Marie au Ciel
15 août 2012
Joseph Ratzinger – Benoît XVI

Chapitre premier

« D'où es-tu ? » (Jn 19, 9)

La question sur l'origine de Jésus comme question sur son être et sa mission

―――――――――

Au beau milieu de l'interrogatoire de Jésus, Pilate, à l'improviste, pose cette question à l'accusé : « D'où es-tu ? » Les accusateurs avaient dramatisé leur requête de condamnation à mort de Jésus en déclarant que Jésus se serait fait passer pour Fils de Dieu, un délit pour lequel la Loi prévoyait la peine de mort. Le rationaliste juge romain, qui avait déjà exprimé son scepticisme devant la question sur la vérité (cf. Jn 18, 38), aurait pu considérer comme ridicule cette prétention de l'accusé. Cependant il s'effraya. L'accusé avait déclaré précédemment être un roi, en précisant toutefois que son règne n'était pas « de ce monde » (Jn 18, 36). Puis il avait fait allusion à un mystérieux « d'où » et « pourquoi », lorsqu'il avait dit : « Je ne suis né, et je ne suis venu dans le monde que pour rendre témoignage à la vérité » (Jn 18, 37).

11

Tout cela devait sembler une rêverie au juge romain. Cependant il n'arrivait pas à se soustraire à l'impression mystérieuse laissée par cet homme, qui était différent des autres connus de lui qui combattaient contre la domination romaine et pour la restauration du royaume d'Israël. Le juge romain interroge sur l'origine de Jésus pour comprendre qui il est vraiment et ce qu'il veut.

La question sur le « d'où est-il » de Jésus, comme question sur son origine profonde et donc sur sa vraie nature, émerge aussi en d'autres points de l'Évangile de Jean et est également importante dans les Évangiles synoptiques. Chez Jean comme chez les synoptiques, elle se trouve en un étrange paradoxe. D'un côté, contre Jésus et sa prétention de mission, parle le fait qu'on s'est renseigné de façon précise sur son origine : il ne vient pas du ciel, du « Père », « d'en haut », comme il le soutient (Jn 8, 23). Non : « Celui-là, n'est-il pas Jésus, le fils de Joseph, dont nous connaissons le père et la mère ? Comment peut-il dire maintenant : "Je suis descendu du ciel" ? » (Jn 6, 42).

Les synoptiques rapportent une discussion très similaire dans la synagogue de Nazareth, le village de Jésus. Jésus avait interprété les paroles de la Sainte Écriture non d'une manière habituelle, mais, avec une autorité qui dépassait les limites de toute interprétation, il les avait rapportées à lui-même et à sa mission (cf. Lc 4, 21). Les auditeurs – bien naturellement – s'effraient de ce rapport avec l'Écriture, de sa prétention à être lui-même le point d'intersection de référence et la clé d'interprétation des paroles sacrées. La frayeur se transforme en opposition : « "Celui-là n'est-il pas le charpentier, le fils de Marie, le frère de Jacques, de Joset, de Jude et de Simon ? Et ses sœurs ne sont-elles pas ici chez nous ?" Et ils étaient choqués à son sujet » (Mc 6, 3).

On sait justement très bien qui est Jésus et d'où il vient – un homme parmi d'autres. Un homme comme nous. Sa prétention ne peut être que présomption. Puis on ajoute le fait que Nazareth n'était pas un lieu pour lequel il existait une promesse de ce genre. Jean raconte que Philippe dit à Nathanaël : « Celui dont Moïse a écrit dans la Loi, ainsi que les prophètes, nous l'avons trouvé ! C'est Jésus, le fils de Joseph, de Nazareth. » La réponse de Nathanaël est bien connue : « De Nazareth, peut-il sortir quelque chose de bon ? » (Jn 1, 45 *sq.*). La normalité de Jésus, l'ouvrier de la province, ne semble celer aucun mystère. Sa provenance le révèle comme un homme égal à tous les autres.

Mais il existe aussi l'argument opposé à l'autorité de Jésus, et précisément dans la discussion sur

« l'aveugle-né » guéri, qui a recouvré la vue :
« Nous savons, nous, que Dieu a parlé à Moïse ;
mais celui-là [Jésus] nous ne savons pas d'où il est »
(Jn 9, 29).

Les Nazaréens avaient dit quelque chose de très
semblable après le discours dans la synagogue,
avant de disqualifier Jésus reconnu comme quel-
qu'un de connu et d'égal à eux. « D'où cela lui
vient-il ? Et qu'est-ce que cette sagesse qui lui a été
donnée et ces grands miracles qui se font par ses
mains ? » (Mc 6, 2). Ici encore la question est :
« D'où est-il ? » – même si ensuite elle est résolue
par le renvoi à sa parenté.

L'origine de Jésus est à la fois connue et ignorée,
elle est apparemment facile à expliquer et pourtant,
elle n'est pas ici traitée de manière exhaustive. À
Césarée de Philippe, Jésus interrogera ses disciples
en disant : « Qui suis-je au dire des gens ? […]
Mais pour vous, qui suis-je ? » (Mc 8, 27 *sq.*). Qui
est Jésus ? D'où vient-il ? Les deux questions sont
inséparables.

Le but des quatre Évangiles est de répondre à
ces questions. Ils ont été écrits justement pour leur
donner une réponse. Quand Matthieu commence
son Évangile par la généalogie de Jésus, il veut dès
le début mettre dans la juste lumière la question
sur l'origine de Jésus ; la généalogie se présente
comme une sorte de titre à l'Évangile tout entier.

Luc, au contraire, a placé la généalogie de Jésus au début de sa vie publique, presque comme une présentation publique de Jésus, pour répondre avec des accentuations différentes à la même question – anticipant ce que l'Évangile tout entier développera par la suite. Cherchons maintenant à mieux comprendre l'intention essentielle des deux généalogies.

Pour Matthieu, deux noms sont déterminants pour comprendre le « d'où vient-il » de Jésus : Abraham et David.

Avec Abraham – après la dispersion de l'humanité à la suite de la construction de la tour de Babel – commence l'histoire de la promesse. Abraham renvoie par anticipation à ce qui doit venir. Celui-ci est pèlerin non seulement du pays de ses origines vers la Terre promise, mais il est pèlerin aussi dans le fait de sortir du présent pour s'acheminer vers l'avenir. Toute sa vie renvoie en avant, elle est une dynamique de la marche sur la route de ce qui doit arriver. Avec raison donc, la Lettre aux Hébreux le présente comme pèlerin de la foi fondée sur la promesse : « C'est qu'il attendait la ville pourvue de fondations dont Dieu est l'architecte et le constructeur » (11, 10). La promesse pour Abraham se rapporte tout d'abord à son descendant, mais va au-delà : « Par lui se béniront toutes les nations de la terre » (Gn 18, 18). Ainsi, dans toute l'histoire qui commence avec Abraham et est dirigée vers Jésus, le regard embrasse l'ensemble – à travers Abraham doit venir une bénédiction pour tous.

Donc, dès le début de la généalogie le regard se tourne déjà vers la conclusion de l'Évangile, où le Ressuscité dit à ses disciples : « De toutes les nations faites des disciples » (Mt 28, 19). Quoi qu'il en soit, dans l'histoire particulière présentée par la généalogie, est présente depuis le début la tension vers la totalité ; l'universalité de la mission de Jésus est comprise dans son « d'où vient-il ».

La structure de la généalogie, et de l'histoire racontée par elle, est cependant déterminée totalement par la figure de David, de ce roi à qui avait été faite la promesse d'un règne éternel : « Ton trône sera affermi à jamais » (2 S 7, 16). La généalogie que Matthieu propose est modelée sur la base de cette promesse. Elle est structurée en trois groupes de quatorze générations, montant d'abord d'Abraham à David, puis descendant de Salomon jusqu'à l'exil babylonien pour ensuite monter à nouveau jusqu'à Jésus en qui la promesse atteint son terme. Apparaît alors le roi qui demeurera à jamais – complètement différent cependant de ce qu'on aurait voulu imaginer en référence au modèle de David.

Cette articulation est encore plus claire si on se rappelle que les lettres hébraïques du nom de David donnent la valeur numérique de quatorze et ainsi, en partant du symbolisme des nombres, David, son nom et sa promesse caractérisent le chemin d'Abraham à Jésus. Compte tenu de cela on pourrait dire que la généalogie avec ses trois groupes de quatorze générations est un véritable Évangile du Christ-Roi : toute l'histoire regarde vers Lui, dont le trône subsistera à jamais.

La généalogie chez Matthieu est une généalogie des hommes dans laquelle toutefois, avant Marie, avec qui la généalogie se termine, sont mentionnées quatre femmes : Tamar, Rahab, Ruth et « la femme d'Urie ». Pourquoi ces femmes apparaissent-elles dans la généalogie ? Selon quel critère ont-elles été choisies ?

On a dit que ces quatre femmes auraient été des pécheresses. Ainsi, leur mention impliquerait l'indication que Jésus aurait pris sur lui les péchés et, avec eux, le péché du monde, et que sa mission aurait été la justification des pécheurs. Mais cela ne peut avoir été l'aspect déterminant du choix, surtout parce qu'il n'est pas applicable aux quatre femmes. Plus important est le fait qu'aucune de ces femmes n'était juive. Par leur entremise donc, le monde des païens entre dans la généalogie de Jésus

– est rendue visible sa mission envers les juifs *et* les païens.

Mais surtout, la généalogie finit avec une femme : Marie qui, en réalité, est un nouveau commencement et relativise toute la généalogie. À travers toutes les générations, cette généalogie s'était déroulée selon le schéma : « Abraham engendra Isaac... » Mais à la fin apparaît une chose bien différente. À propos de Jésus, il n'est plus parlé de génération, mais il est dit : « Jacob engendra Joseph, l'époux de Marie, de laquelle naquit Jésus, que l'on appelle Christ » (Mt 1, 16). Dans le récit de la naissance de Jésus qui suit, Matthieu nous dit que Joseph n'était pas le père de Jésus et que celui-ci entendait répudier Marie en secret à cause de l'adultère présumé. C'est alors que lui fut dit : « Ce qui a été engendré en elle vient de l'Esprit Saint » (Mt 1, 20). Ainsi, la dernière phrase donne une nouvelle formulation de toute la généalogie. Marie est un nouveau commencement. Son enfant ne vient d'aucun homme mais il est une nouvelle création, il a été conçu par l'opération du Saint-Esprit.

La généalogie demeure importante : Joseph est juridiquement le père de Jésus. Par son intermédiaire, il appartient selon la Loi, « légalement », à la tribu de David. Cependant il vient d'ailleurs, « d'en haut » – de Dieu lui-même. Le mystère du

« d'où vient-il », de la double origine, nous est proposé sur un mode très concret : son origine peut être établie et pourtant elle est un mystère. Seul Dieu est au sens propre son « Père ». La généalogie des hommes a son importance par rapport à l'histoire du monde. Et malgré cela, à la fin, il y a Marie, l'humble vierge de Nazareth, celle en qui arrive un nouveau commencement, celle en qui recommence de façon nouvelle le fait d'être une personne humaine.

À présent, jetons encore un regard sur la généalogie présente dans l'Évangile de Luc (cf. 3, 23-38). Certaines différences sont frappantes par rapport à la succession des ascendants en saint Matthieu.

Nous avions déjà remarqué qu'ici la généalogie introduisait la vie publique de Jésus, l'authentifiait, pour ainsi dire, dans sa mission publique ; Matthieu au contraire présente la généalogie comme un début vrai et approprié de l'Évangile, il passe de la généalogie au récit de la conception et de la naissance de Jésus et développe la question du « d'où vient-il » dans son double sens.

Ensuite on est frappé de ce que Matthieu et Luc ne s'accordent que sur peu de noms seulement, ils n'ont pas même en commun le nom du père de Joseph. Comment expliquer cela ? Abstraction faite des éléments tirés de l'Ancien Testament, les deux auteurs ont travaillé à partir de traditions dont nous ne sommes pas en mesure de reconstituer les sources. J'estime simplement inutile d'avancer des hypothèses à ce sujet. Pour les deux évangélistes les noms particuliers ne comptent pas, mais bien plutôt la structure symbolique dans laquelle apparaît la place de Jésus dans l'histoire : son être imbriqué sur les chemins historiques de la promesse et le *nouveau commencement* qui, paradoxalement, avec la *continuité* de l'action historique de Dieu, caractérise l'origine de Jésus.

Une autre différence consiste dans le fait que Luc ne monte pas, comme Matthieu, à partir des débuts – de la racine – jusqu'au présent, au faîte de « l'arbre », mais inversement descend de la « cime » Jésus vers les racines, pour montrer en tout état de cause à la fin que la dernière racine ne se trouve pas dans les profondeurs, mais au contraire « en haut » – c'est Dieu qui est à l'origine de l'être humain : « Énos, fils de Seth, fils d'Adam, fils de Dieu » (Lc 3, 38).

Le fait qu'avec Joseph la généalogie s'interrompt et se détache est commun à Matthieu et à Luc : « Jésus, lors de ses débuts, avait environ trente ans, et il était, à ce qu'on croyait, fils de Joseph » (Lc 3, 23). Juridiquement il était fils de Joseph, nous dit Luc. Quelle que fût sa véritable origine, il l'avait déjà exposée précédemment dans les deux premiers chapitres de son Évangile.

Tandis que Matthieu, avec trois séries de quatorze générations, donne à sa généalogie une structure clairement théologico-symbolique, Luc présente ses soixante-seize noms sans aucune articulation extérieurement reconnaissable. Toutefois, là encore on peut reconnaître une structure symbolique du temps historique : la généalogie contient onze fois sept éléments. Peut-être Luc connaissait-il le schéma apocalyptique qui articule l'histoire universelle en douze périodes et, à la fin, est composé de onze fois sept générations. De cette façon on aurait ici une allusion très discrète au fait qu'avec Jésus est arrivée « la plénitude des temps » ; qu'avec Lui commence l'heure décisive de l'histoire universelle : Il est le nouvel Adam qui encore une fois vient « de Dieu » – d'une façon plus radicale que le premier, il n'existe pas seulement grâce à un souffle de Dieu, mais il est vraiment son « Fils ». Si chez Matthieu c'est la promesse davidique qui caractérise l'organisation symbolique du temps, Luc – remontant à Adam – entend montrer qu'en Jésus l'humanité commence de nouveau. La généalogie est l'expression d'une promesse qui concerne toute l'humanité.

Dans ce contexte, une autre interprétation de la généalogie selon Luc est à signaler ; nous la trouvons chez saint Irénée. Lui lisait dans son texte non pas soixante-seize mais soixante-douze noms. Soixante-douze (ou soixante-dix) était le nombre – tiré de Ex 1, 5 – des peuples du monde, un nombre qui apparaît dans la tradition lucanienne à propos des soixante-douze (ou soixante-dix) disciples que Jésus plaça aux côtés des douze apôtres. Irénée écrit : « Par là, Luc montre que la généalogie, qui de la conception du Seigneur remonte jusqu'à Adam, comprend soixante-douze générations. Il relie la fin au commencement et fait comprendre que Jésus récapitule tout en lui à partir d'Adam, tous les peuples dispersés depuis Adam, toutes les langues, ou mieux, l'humanité tout entière comme telle. Pour cette raison Adam a été qualifié par Paul comme la "figure" de Celui qui devait venir » (*Adv. haer.* III 22, 3).

Même si dans le texte original de Luc n'apparaît pas sur ce point le symbolisme du nombre soixante-dix, sur lequel se fonde l'exégèse de saint Irénée, dans ces paroles la véritable intention de la généalogie lucanienne est cependant correctement comprise. Jésus assume en lui toute l'humanité, toute l'histoire de l'humanité, et lui fait prendre un nouveau tournant, décisif, vers une nouvelle façon d'être une personne humaine.

« D'où es-tu ? » (Jn 19, 9)

L'évangéliste Jean, qui à maintes reprises laisse transparaître la question sur l'origine de Jésus, n'a pas mis au début de son Évangile une généalogie, mais dans le Prologue de son Évangile il a présenté de façon explicite et grandiose la réponse à la question à propos du « d'où vient-il ». En même temps il a élargi la réponse à la question sur l'origine de Jésus, en en faisant une définition de l'existence chrétienne ; à partir du « d'où vient Jésus » il a défini l'identité des siens.

« Au commencement le Verbe était et le Verbe était avec Dieu et le Verbe était Dieu [...]. Et le Verbe s'est fait chair et il a campé parmi nous » (1, 1-14). L'homme Jésus est le « campement » du Verbe, de l'éternel *Logos* divin en ce monde. La « chair » de Jésus, son existence humaine, est la « tente » du Verbe ; l'allusion à la tente sacrée d'Israël en marche est évidente. Jésus est, pour ainsi dire, la tente de la rencontre – il est d'une façon très réelle ce dont la tente, et par la suite le Temple, pouvait n'être que la préfiguration. L'origine de Jésus, son « d'où vient-il », est le « principe » même – la cause première de laquelle tout vient ; la « lumière » qui fait du monde un cosmos. Lui vient de Dieu. Il est Dieu. Ce « principe » venu à nous inaugure – comme principe – une nouvelle façon d'être homme. « Mais à tous ceux qui l'ont accueilli, il a donné le pouvoir de devenir enfants de Dieu, à ceux qui croient en son nom, eux qui ne furent engendrés ni du sang, ni d'un vouloir de chair, ni d'un vouloir d'homme, mais de Dieu » (1, 12 *sq.*).

Une partie de la tradition manuscrite lit cette phrase non au pluriel, mais au singulier : « celui qui ne fut engendré ni par le sang… ». De cette façon la phrase deviendrait une référence claire à la conception et à la naissance virginales de Jésus. L'origine divine de Jésus, dans le sens de la tradition documentée chez Matthieu et Luc, serait encore une fois soulignée concrètement. Mais c'est seulement une interprétation secondaire ; le texte authentique de l'Évangile parle ici très clairement de ceux qui croient au nom du Christ et qui pour cette raison reçoivent une nouvelle origine. Néanmoins, le rapprochement avec la profession de la naissance de la Vierge Marie est indéniablement présent : qui croit en Jésus entre, par la foi, dans l'origine personnelle et nouvelle de Jésus, reçoit cette origine comme origine propre. En eux-mêmes, tous ces croyants ont été avant tout « engendrés par le sang et la volonté de l'homme ». Mais la foi leur confère une nouvelle naissance : ils entrent dans l'origine de Jésus-Christ, qui désormais devient leur origine même. En vertu du Christ, par la foi en Lui, ils sont à présent engendrés par Dieu.

« *D'où es-tu ?* » *(Jn 19, 9)*

Ainsi, Jean a résumé la signification la plus profonde des généalogies et nous a enseigné à les comprendre également comme explication de notre
origine même, de notre vraie « généalogie ».
Comme les généalogies s'interrompent à la fin,
parce que Jésus n'a pas été engendré par Joseph
mais très réellement est né de la Vierge Marie par
l'opération du Saint-Esprit, de la même façon cela
vaut à présent aussi pour nous : notre vraie
« généalogie » est la foi en Jésus, qui nous donne
une nouvelle origine, nous fait naître « de Dieu ».

Chapitre 2

L'annonce de la naissance de Jean-Baptiste et de la naissance de Jésus

La caractéristique littéraire des textes

———————

L es quatre Évangiles mettent au commencement de l'activité de Jésus la figure de Jean-
Baptiste et le présentent comme son précurseur. Saint Luc a anticipé le lien entre les deux
figures et leurs missions respectives, en les situant
dans les deux récits de l'enfance. Déjà dans leur
conception et dans leur naissance, Jésus et Jean
sont mis en relation entre eux.

Avant de nous tourner vers le contenu des textes,
un bref mot sur leur caractéristique littéraire est
nécessaire. Chez Matthieu comme chez Luc, les
événements de l'enfance de Jésus sont très étroitement liés, même si c'est de façon différente, à des
paroles de l'Ancien Testament. Pour le lecteur,
Matthieu justifie chaque fois ces liens par des citations vétérotestamentaires correspondantes ; Luc
parle des événements avec des termes de l'Ancien
Testament ; avec des allusions qui, dans le détail,
peuvent souvent être comme accidentelles et qui

ne peuvent pas toujours être documentées comme telles, mais qui, dans leur ensemble, forment la trame des textes de façon unique.

Chez Luc, un texte hébraïque semble en être la base. Quoi qu'il en soit, toute la description est caractérisée par des sémitismes qui en général ne lui sont pas typiques. On a cherché à comprendre la caractéristique de ces deux chapitres – Luc 1-2 – à partir d'un genre littéraire hébraïque primitif et on parle d'un « midrash aggadique », c'est-à-dire d'une interprétation de l'Écriture au moyen de récits. La ressemblance littéraire est incontestable. Toutefois, il est clair que le récit lucanien de l'enfance ne se situe pas dans le judaïsme antique mais précisément dans le christianisme antique.

Il y a une chose supplémentaire : on raconte ici une histoire qui explique l'Écriture et, inversement, ce que l'Écriture, en beaucoup d'endroits, a voulu dire devient visible seulement à présent, au moyen de cette nouvelle histoire. C'est un récit qui naît entièrement de la Parole, et cependant c'est bien lui qui donne à la Parole sa pleine signification non encore reconnaissable auparavant. L'histoire ici racontée n'est pas simplement une illustration des paroles anciennes, mais la réalité que les paroles attendaient. Celle-ci, dans les seules paroles, n'était pas reconnaissable, mais les paroles atteignent leur pleine signification au moyen de l'événement dans lequel elles deviennent réalité.

Si les choses sont ainsi, on peut se demander : d'où Matthieu et Luc connaissent-ils l'histoire qu'ils racontent ? Quelles sont leurs sources ? Joachim Gnilka, avec raison, dit à ce sujet qu'il s'agit évidemment de traditions de famille. Luc fait parfois allusion au fait que Marie elle-même, la Mère de Jésus, était une de ses sources, et il le fait de façon particulière quand, en 2, 51, il dit que « sa mère gardait fidèlement toutes ces choses en son cœur » (cf. aussi 2, 19). Elle seule pouvait rapporter l'événement de l'Annonciation, qui n'avait pas eu de témoins humains.

Naturellement, l'exégèse « critique » moderne laissera entendre qu'elle considère comme plutôt naïfs des liens de ce genre. Mais pourquoi ne devrait-il pas y avoir eu une telle tradition, conservée et en même temps modelée théologiquement, dans le cercle plus étroit ? Pourquoi Luc devrait-il avoir inventé l'affirmation sur le fait de conserver des paroles et des événements dans le cœur de Marie, si pour cela il n'y avait aucune référence concrète ? Pourquoi aurait-il dû parler de sa « méditation » sur les paroles (2, 19 ; cf. 1, 29), s'il n'en savait rien ?

J'ajouterai que de cette manière aussi, l'apparition tardive des traditions mariales trouve son explication dans la discrétion de la Mère et des cercles autour d'elle : les événements sacrés au « matin » de sa vie ne pouvaient pas devenir tradition publique tant qu'elle-même était encore en vie.

Résumons : Matthieu et Luc – chacun à sa manière propre – voulaient non pas tant raconter des « histoires » qu'écrire une histoire, une histoire réelle, qui a eu lieu, certainement une histoire interprétée et comprise selon la parole de Dieu. Cela signifie aussi qu'il n'y avait pas une intention de raconter de façon complète, mais de noter ce qui, à la lumière de la Parole et pour la communauté naissante de la foi, apparaissait important. Les récits de l'enfance sont une histoire interprétée et, à partir de l'interprétation, écrite et condensée.

Entre la parole interprétative de Dieu et l'histoire interprétative, il y a un rapport réciproque : la parole de Dieu enseigne que les événements contiennent une « histoire du salut » qui concerne tout le monde. Les événements eux-mêmes, cependant, dévoilent pour leur part la parole de Dieu et font maintenant reconnaître la réalité concrète qui se cache dans chaque texte.

Il y a justement dans l'Ancien Testament des paroles qui, pour ainsi dire, demeurent encore sans propriétaire. Marius Reiser, dans ce contexte, attire l'attention, par exemple sur Isaïe 53. On pouvait faire référer le texte à telle ou telle personne, à Jérémie par exemple, mais le vrai protagoniste des textes se fait encore attendre. C'est seulement quand Il apparaît que la Parole acquiert sa pleine signification. Nous verrons qu'une chose semblable vaut pour Isaïe 7, 14. Le verset fait partie de ces paroles qui, pour le moment, attendent encore la figure dont elles parlent.

L'historiographie du christianisme des origines consiste justement à donner à son protagoniste ces Paroles « en attente ». De cette corrélation entre la Parole « en attente » et la reconnaissance de son protagoniste finalement apparu s'est développée l'exégèse typiquement chrétienne, qui est nouvelle et pourtant totalement fidèle à la parole originelle de l'Écriture.

L'annonce de la naissance de Jean

Après ces réflexions de fond, le moment d'écouter les textes eux-mêmes est maintenant arrivé. Nous nous trouvons face à deux groupes narratifs avec des différences caractéristiques et pourtant avec de grandes affinités entre eux : l'annonce de la naissance et de l'enfance du Baptiste et l'annonce de la naissance de Jésus comme Messie, de Marie.

L'histoire de Jean est enracinée de manière particulièrement profonde dans l'Ancien Testament. Zacharie est prêtre de la classe d'Abia. Élisabeth, sa femme, est elle aussi d'origine sacerdotale : c'est une descendante d'Aaron (cf. Lc 1, 5). Selon le droit vétérotestamentaire, le ministère des prêtres est lié à l'appartenance à la tribu des fils d'Aaron et de Lévi. Donc, Jean-Baptiste est prêtre. En lui, le sacerdoce de l'Ancienne Alliance va vers Jésus ; il devient un renvoi à Jésus, une annonce de sa mission.

Il me semble important qu'avec Jean le sacerdoce de l'Ancienne Alliance tout entier devienne une prophétie de Jésus, et ainsi – avec son haut sommet théologico-spirituel, le Psaume 118 – renvoie à lui et commence à faire partie de ce qui lui est propre. Si, de façon unilatérale, on accentue l'opposition entre le culte sacrificiel vétérotestamentaire et le culte spirituel de la Nouvelle Alliance (cf. Rm 12, 1), on perd de vue cette ligne comme aussi la dynamique intrinsèque du sacerdoce vétérotestamentaire qui non seulement avec Jean, mais déjà dans le développement de la spiritualité sacerdotale défini par le Psaume 118, est un chemin vers Jésus-Christ.

Ce qui caractérise Zacharie et Élisabeth dans le verset suivant de l'Évangile de Luc (1, 6) oriente aussi dans la même direction de l'unité interne des deux Testaments. De chacun des deux on dit qu'ils « étaient justes devant Dieu, et ils suivaient, irréprochables, tous les commandements et observances du Seigneur ». À l'occasion de la rencontre avec la figure de saint Joseph nous considérerons de plus près l'attribut « juste », dans lequel est résumée toute la spiritualité de l'Ancienne Alliance. Les « justes » sont des personnes qui vivent vraiment de l'intérieur les prescriptions de la Loi – des personnes qui, du fait qu'elles sont justes selon la volonté révélée de Dieu, avancent sur leur chemin et créent un espace pour le nouvel agir du Seigneur. En eux, l'Ancienne et la Nouvelle Alliance s'interpénètrent mutuellement, s'unissent pour former une unique histoire de Dieu avec les hommes.

Zacharie entre dans le Temple, dans l'espace sacré, alors que le peuple demeure dehors et prie. C'est l'heure du sacrifice du soir, durant lequel il met l'encens sur le charbon incandescent. Le parfum de l'encens qui monte vers le haut est un symbole de la prière : « Que monte ma prière, en encens devant ta face, les mains que j'élève, en offrande du soir », dit le Psaume 141, 2. L'Apocalypse décrit ainsi la liturgie du Ciel : les quatre Vivants et les vingt-quatre Vieillards avaient « chacun une harpe et des coupes d'or pleines de parfums, les prières des saints » (5, 8). En ce moment où la liturgie céleste et la liturgie terrestre s'unissent, « un ange du Seigneur », dont le nom, pour le moment, n'est pas encore mentionné, apparaît au prêtre Zacharie. Il se tient debout « à droite de l'autel de l'encens » (Lc 1, 11). Erik Peterson décrit ainsi la situation : « C'était au côté méridional de l'autel. L'ange se tenait entre l'autel et le chandelier à sept branches. Sur le côté gauche de l'autel, le côté septentrional, se trouvait la table avec les pains de l'offrande » (*Lukasevangelium*, p. 22).

Le lieu et l'heure sont sacrés : la nouvelle avancée de l'histoire du salut est totalement intégrée dans les règlements de l'Alliance divine du Sinaï. Dans le Temple lui-même, durant sa liturgie, commence la nouveauté : la continuité intérieure de l'histoire de Dieu avec les hommes se manifeste de manière extrêmement forte. Cela correspond à la fin de l'Évangile de Luc, où le Seigneur, au moment de son ascension au Ciel, commande aux disciples de retourner à Jérusalem pour recevoir *là* le don de l'Esprit Saint et de *là* porter l'Évangile dans le monde (cf. Lc 24, 49-53).

En même temps, cependant, nous devons voir la différence entre l'annonce de la naissance du Baptiste à Zacharie et l'annonce de la naissance de Jésus à Marie. Zacharie, le père du Baptiste, est prêtre et il reçoit le message dans le Temple, durant sa liturgie. La provenance de Marie n'est pas mentionnée. L'ange Gabriel lui est envoyé par Dieu. Il entre dans sa maison à Nazareth – dans une ville inconnue des Saintes Écritures ; dans une maison que nous devons certainement imaginer très humble et très simple. Le contraste entre les deux scènes ne pourrait pas être plus grand : d'une part, le prêtre, le Temple, la liturgie, de l'autre une jeune femme inconnue, une petite ville inconnue, une maison privée inconnue. Le signe de la Nouvelle

Alliance est l'humilité, le fait d'être caché : le signe de la graine de moutarde. Le Fils de Dieu vient dans l'humilité. Les deux choses vont ensemble : la profonde continuité dans l'histoire de l'action de Dieu et la nouveauté de la graine de moutarde cachée.

Revenons à Zacharie et à l'annonce du message de la naissance du Baptiste. La promesse a lieu dans le contexte de l'Ancienne Alliance quant au milieu, mais pas uniquement ; tout ce qui est dit et arrive ici est pénétré de paroles de la Sainte Écriture, comme nous l'avons relevé tout à l'heure. C'est seulement au moyen des nouveaux événements que les Paroles acquièrent leur sens plein et, inversement, les événements possèdent une signification permanente, parce qu'ils naissent de la Parole, qu'ils sont Parole accomplie. Deux groupes de textes vétérotestamentaires s'accordent ici dans une nouvelle unité.

Il y a avant tout les histoires analogues de la promesse d'un fils engendré de parents stériles, qui ainsi apparaît justement comme donné par Dieu lui-même. Nous pensons surtout à l'annonce de la naissance d'Isaac, de l'héritier de cette promesse donnée par Dieu à Abraham : « Le Seigneur dit : "Je reviendrai vers toi l'an prochain ; alors ta femme Sara aura un fils." […] Or Abraham et Sara étaient vieux, avancés en âge, et Sara avait cessé d'avoir ce qu'ont les femmes. Donc, Sara rit en elle-même […]. Mais le Seigneur dit à Abraham : "Pourquoi Sara a-t-elle ri ? […] Y a-t-il rien de trop merveilleux pour le Seigneur ?" » (Gn 18, 10-14). Le récit de la naissance de Samuel est aussi très proche. Anne, sa mère, était stérile. À la suite de sa prière passionnée, le prêtre Éli lui avait promis que Dieu exaucerait sa demande. Elle tomba enceinte et consacra son fils Samuel au Seigneur (cf. 1 S 1). Jean se situe donc dans la longue ligne de ceux qui sont nés de parents stériles grâce à une intervention prodigieuse de la part de ce Dieu à qui rien n'est impossible. Puisqu'il provient de Dieu d'une façon particulière, il appartient totalement à Dieu et, d'autre part, c'est précisément pour cette raison qu'il est entièrement à la disposition des hommes pour les conduire à Dieu.

Si au sujet de Jean on affirme : « Il ne boira ni vin ni boisson forte » (Lc 1, 15), il est aussi introduit par là dans la tradition sacerdotale. « Pour les prêtres consacrés à Dieu vaut la norme : "Quand vous venez à la Tente de la Rencontre, toi et tes fils avec toi, ne buvez ni vin ni autre boisson fermentée ; alors vous ne mourrez pas. C'est pour tous vos descendants une loi perpétuelle" (Lv 10, 9) » (Stöger, p. 31). Jean qui « sera rempli d'Esprit Saint dès le sein de sa mère » (Lc 1, 15) vit, pour ainsi dire, toujours « dans la Tente de la Rencontre », il est prêtre non seulement à certains moments mais dans la totalité de son existence, annonçant ainsi le nouveau sacerdoce qui apparaîtra avec Jésus.

À côté de cet ensemble de textes, tiré des livres historiques de l'Ancien Testament, quelques textes prophétiques des livres de Malachie et de Daniel influencent l'entretien de l'ange avec Zacharie.

Écoutons tout d'abord Malachie : « Voici que je vais vous envoyer Élie le prophète, avant que n'arrive le Jour du Seigneur, grand et redoutable. Il ramènera le cœur des pères vers leurs fils et le cœur des fils vers leurs pères » (3, 23 *sq.*). « Voici que je vais envoyer mon messager, pour qu'il fraye un chemin devant moi. Et soudain il entrera dans son sanctuaire, le Seigneur que vous cherchez ; et l'ange de l'alliance que vous désirez, le voici qui vient ! dit le Seigneur Sabaot » (3, 1). La mission de Jean est interprétée selon la figure d'Élie : il n'*est* pas Élie, mais il vient avec l'esprit et la puissance du grand prophète. En ce sens, il accomplit justement dans sa mission l'attente selon laquelle Élie serait revenu et aurait purifié et relevé le peuple de Dieu, l'aurait préparé pour l'arrivée du Seigneur lui-même. Ainsi Jean, d'un côté, est inséré dans la catégorie des prophètes, de l'autre, cependant, il est en même temps élevé au-delà d'elle, puisque l'Élie qui est sur le point de revenir est le précurseur de l'arrivée de Dieu lui-même. Ainsi, dans ces textes, la figure de Jésus, son arrivée, est tacitement mise au même niveau que l'arrivée de Dieu lui-même. Avec Jésus le Seigneur lui-même arrive et il confère ainsi à l'histoire sa direction définitive.

Le prophète Daniel est la seconde voix prophétique qui se trouve en arrière-fond de notre récit. C'est seulement dans le Livre de Daniel que se trouve le nom de Gabriel. Ce grand messager de Dieu apparaît au prophète « à l'heure de l'oblation du soir » (9, 21) pour apporter des informations sur le destin futur du peuple élu. Face aux doutes de Zacharie, le messager de Dieu se révèle comme « Gabriel qui [se tient] devant Dieu » (Lc 1, 19).

Dans le Livre de Daniel, les mystérieuses indications de nombres sur les prochaines grandes difficultés et sur le temps du salut définitif – dont l'annonce au milieu des détresses est la véritable tâche de l'archange – font partie des révélations transmises par Gabriel. La pensée aussi bien juive que chrétienne s'est à maintes reprises intéressée à ces nombres chiffrés. La prédiction des soixante-dix semaines qui « sont assignées pour ton peuple et ta ville sainte pour [...] introduire éternelle justice... » (9, 24) a suscité une attention particulière. René Laurentin a cherché à montrer que le récit de l'enfance chez Luc suivait une chronologie précise selon laquelle, de l'annonce à Zacharie jusqu'à la présentation de Jésus au Temple, quatre cent quatre-vingt-dix jours se seraient passés, c'est-à-dire soixante-dix semaines de sept jours (cf. *Structure et théologie de Luc I-II*, p. 49 *sq*.). Doit demeurer ouverte la question de savoir si Luc a sciemment construit une telle chronologie.

Cependant, dans le récit de l'apparition de l'archange Gabriel à l'heure de l'offrande du soir, on peut certainement voir une référence à Daniel, à la promesse de la justice éternelle qui entre dans le temps. De cette façon, il y serait donc dit : le temps est accompli. L'événement caché, advenu durant l'offrande du soir de Zacharie et non perçu par le vaste public du monde, indique en réalité l'heure eschatologique – l'heure du salut.

L'annonce à Marie

« Le sixième mois, l'ange Gabriel fut envoyé par Dieu dans une ville de Galilée, du nom de Nazareth, à une vierge fiancée à un homme du nom de Joseph, de la maison de David ; et le nom de la vierge était Marie » (Lc 1, 26 *sq.*). L'annonce de la naissance de Jésus est liée à l'histoire de Jean-Baptiste avant tout chronologiquement, par l'indication du temps écoulé après le message de l'archange Gabriel à Zacharie, c'est-à-dire « le sixième mois » de la grossesse d'Élisabeth. Toutefois, dans ce passage, les deux événements et les deux missions sont aussi liés par l'information selon laquelle Marie et Élisabeth – et donc aussi leurs enfants – sont parentes.

La visite de Marie à Élisabeth, qui découle comme conséquence de l'entretien entre Gabriel et Marie (cf. Lc 1, 36), conduit – encore avant la naissance – à une rencontre, dans l'Esprit Saint, entre Jésus et Jean, et, en même temps, dans cette rencontre est aussi rendue évidente la corrélation de leurs missions : Jésus est le plus jeune, celui qui vient après. Mais c'est sa proximité qui fait tressaillir Jean dans le sein maternel et remplit Élisabeth d'Esprit Saint (cf. Lc 1, 41). Ainsi, déjà dans les récits de saint Luc sur l'annonce et sur la naissance, apparaît objectivement ce que le Baptiste dira dans l'Évangile de Jean : « C'est de lui que j'ai dit : Derrière moi vient un homme qui est passé devant moi parce que avant moi il était » (1, 30).

Avant toute chose, cependant, il convient de considérer de façon plus détaillée le récit de l'annonce de la naissance de Jésus à Marie. Regardons d'abord le message de l'ange et ensuite la réponse de Marie.

Dans le salut de l'ange, il est frappant que celui-ci n'adresse pas à Marie le salut juif habituel, *shalom* – « la paix soit avec toi » –, mais la formule grecque *chaîre*, qu'on peut simplement traduire par « salut », comme cela se fait dans la prière mariale de l'Église composée avec des paroles tirées du récit de l'Annonciation (cf. Lc 1, 28, 42). Toutefois, il est légitime de comprendre, à ce point, la vraie signification du mot *chaîre* : réjouis-toi ! Avec ce souhait de l'ange – pouvons-nous dire – commence, au sens propre, le Nouveau Testament.

La parole revient dans la Nuit sainte sur les lèvres de l'ange, qui dit aux bergers : « Je vous annonce une grande joie » (2, 10). Elle revient – chez Jean – à l'occasion de la rencontre avec le Ressuscité : « Les disciples furent remplis de joie à la vue du Seigneur » (20, 20). Dans les discours d'adieu chez Jean apparaît une théologie de la joie qui éclaire, pour ainsi dire, les profondeurs de cette parole : « Je vous verrai de nouveau et votre cœur sera dans la joie, et votre joie, nul ne vous l'enlèvera » (16, 22).

Dans ces textes, la joie apparaît comme le don propre de l'Esprit Saint, comme le vrai don du Rédempteur. Ainsi, avec le salut de l'ange est évoqué l'accord qui continuera ensuite à résonner à travers tout le temps de l'Église et qui, en ce qui concerne son contenu, peut être aussi perçu dans la parole fondamentale par laquelle on qualifie l'annonce chrétienne tout entière : l'*Évangile* – la *Bonne Nouvelle*.

« Réjouis-toi » est d'abord – comme nous l'avons vu – un salut en langue grecque, et ainsi, dans cette parole de l'ange, la porte vers les peuples du monde s'ouvre aussitôt ; il y a là une allusion à l'universalité du message chrétien. C'est pourtant en même temps aussi une parole qui est tirée de l'Ancien Testament et qui est donc pleinement dans la continuité de l'histoire biblique du salut. Stanislas Lyonnet et René Laurentin surtout ont montré que dans la salutation de Gabriel à Marie est reprise et actualisée la prophétie de Sophonie 3, 14-17, qui s'exprime ainsi : « Pousse des cris de joie, fille de Sion, une clameur d'allégresse, Israël ! [...] Le Seigneur ton Dieu est au milieu de toi. »

Il n'est pas nécessaire d'entrer ici dans les détails d'une comparaison textuelle entre le salut de l'ange à Marie et la parole de promesse du prophète. Le motif essentiel pour lequel la fille de Sion peut exulter est exprimé dans l'affirmation : « Le Seigneur est au milieu de toi » (So 3, 15, 17) – traduit littéralement : « est dans ton sein ». Sophonie reprend là des paroles du Livre de l'Exode qui décrivent le fait pour Dieu de demeurer dans l'arche d'alliance comme le fait de demeurer « dans le sein d'Israël » (cf. Ex 33, 3 ; 34, 9 ; cf. Laurentin, *Structure et théologie de Luc I-II*, p. 64-71). Cette parole revient dans le message de Gabriel à Marie : « Tu concevras dans ton sein » (Lc 1, 31).

De toute façon, si les détails de ces parallélismes sont évalués, une proximité interne des deux messages est évidente. Marie apparaît comme la fille de Sion elle-même. Les promesses concernant Sion s'accomplissent en elle de façon inattendue. Marie devient l'arche de l'alliance, le lieu d'une vraie demeure du Seigneur.

« Réjouis-toi, comblée de grâce ! » Un autre aspect de ce salut *chaîre* est digne de réflexion : le lien entre joie et grâce. En grec, les deux mots, joie et grâce (*chará* et *cháris*), sont formés à partir de la même racine. Joie et grâce vont de pair.

Venons-en maintenant au contenu de la promesse. Marie concevra un enfant auquel l'ange attribue les titres de « Fils du Très-Haut » et de « Fils de Dieu ». En outre il est promis que Dieu, le Seigneur, lui donnera le trône de David son père. Il régnera pour toujours sur la maison de Jacob et son règne (sa seigneurie) n'aura pas de fin. Une série de promesses en référence au « comment » de la conception est ensuite ajoutée. « L'Esprit Saint viendra sur toi, et la puissance du Très-Haut te prendra sous son ombre ; c'est pourquoi l'être saint qui naîtra sera appelé Fils de Dieu » (Lc 1, 35).

Commençons par cette dernière promesse. En ce qui regarde sa formulation, elle appartient à la théologie du Temple et de la présence de Dieu dans le sanctuaire. La nuée sacrée – la *shekinà* – est un signe visible de la présence de Dieu. Elle cache et montre à la fois le fait qu'il demeure dans sa maison. La nuée qui jette son ombre sur les hommes revient ensuite dans le récit de la Transfiguration du Seigneur (cf. Lc 9, 34 ; Mc 9, 7). De nouveau elle est un signe de la présence de Dieu, de Dieu qui se montre tout en se cachant. Ainsi, par la parole exprimant l'ombre qui descend avec l'Esprit Saint, est reprise la théologie qui se rapporte à Sion, contenue dans la salutation. Encore une fois Marie apparaît comme la tente vivante de Dieu, dans laquelle, de façon nouvelle, il veut demeurer au milieu des hommes.

En même temps, dans l'ensemble de ces paroles de l'annonce, une allusion au mystère du Dieu trinitaire est perceptible. Dieu le Père, qui avait promis stabilité au trône de David, agit, et maintenant il institue l'héritier dont le règne n'aura pas de fin, l'héritier définitif de David prédit par le prophète Natân par les paroles : « Je serai pour lui un père et il sera pour moi un fils » (2 S 7, 14). Le Psaume 2 le répète : « Tu es mon fils, moi, aujourd'hui, je t'ai engendré » (v. 7).

Les paroles de l'ange demeurent totalement dans la conception religieuse vétérotestamentaire et toutefois, elles la dépassent. À partir de la nouvelle situation elles reçoivent un nouveau réalisme, une densité et une force inimaginables auparavant. Le mystère trinitaire n'a pas encore été un objet de réflexion, il ne s'est pas encore développé jusqu'à la doctrine définitive. Il apparaît de lui-même, grâce à la façon d'agir de Dieu préfigurée dans l'Ancien Testament ; il apparaît dans l'événement, sans devenir doctrine. De même, le concept de l'être-

Fils, propre à l'Enfant, n'est pas approfondi et développé jusque dans sa dimension métaphysique. De cette façon, tout demeure dans le cadre de la conception religieuse juive. Toutefois, les paroles anciennes elles-mêmes, à cause de l'événement nouveau qu'elles expriment et interprètent, sont de nouveau en marche et vont au-delà d'elles-mêmes. Dans leur simplicité, elles reçoivent justement une nouvelle grandeur, presque déconcertante, qui en revanche devra se développer uniquement sur le chemin de Jésus et sur le chemin des croyants.

Le nom « Jésus », que l'ange attribue à l'enfant, aussi bien chez Luc (1, 31) que chez Matthieu (1, 21), se situe aussi dans ce contexte. Dans le nom de Jésus, le tétragramme, le nom mystérieux depuis l'Horeb, est de façon cachée contenu et élargi jusqu'à l'affirmation : Dieu sauve. Le nom, demeuré depuis le Sinaï – pour ainsi dire – incomplet, est prononcé jusqu'au bout. Le Dieu qui *est*, est le Dieu présent et sauveur. La révélation du nom de Dieu, commencée dans le buisson ardent, est portée à son accomplissement en Jésus (cf. Jn 17, 26).

Le salut, que porte l'enfant promis, se manifeste dans l'instauration définitive du règne de David. En effet, une durée permanente avait été promise au règne davidique : « Ta maison et ta royauté subsisteront à jamais devant toi ; ton trône sera affermi à jamais » (2 S 7, 16), avait annoncé Natân, sur ordre de Dieu lui-même.

Dans le Psaume 89 se reflète, de façon bouleversante, la contradiction entre le caractère définitif de la promesse et l'écroulement de fait du règne davidique : « J'ai pour toujours établi sa lignée, et son trône comme les jours des cieux. Si ses fils abandonnent ma loi, ne marchent pas selon mes jugements [...] je punirai leur révolte avec le fouet [...] mais sans lui retirer mon amour, sans faillir dans ma vérité » (v. 30-34). C'est pourquoi le psalmiste, de façon émouvante et avec insistance, répète la promesse devant Dieu, frappe à la porte de son cœur et réclame sa fidélité. La réalité qu'il voit, en effet, est totalement différente : « Mais toi, tu as rejeté et répudié, tu t'es emporté contre ton oint ; tu as renié l'alliance de ton serviteur, tu as profané jusqu'à terre son diadème [...] tous les passants du chemin l'ont pillé, ses voisins en ont fait une insulte [...]. Souviens-toi, Seigneur, de l'insulte à ton serviteur » (v. 39-51).

Cette plainte d'Israël se tenait devant Dieu aussi au moment où Gabriel annonçait à la Vierge Marie le nouveau roi sur le trône de David. Hérode était roi par la grâce de Rome. Il était iduméen, et non fils de David. Mais, surtout, par sa cruauté inouïe, il était une caricature de cette royauté qui avait été promise à David. L'ange annonce que Dieu n'a pas oublié sa promesse ; *maintenant*, dans l'enfant que Marie concevra par l'œuvre de l'Esprit Saint, elle se réalisera. « Son règne n'aura pas de fin », dit Gabriel à Marie.

Au IVe siècle, cette phrase a été insérée dans le *Credo* de Nicée-Constantinople – au moment où le règne de Jésus de Nazareth embrassait désormais le monde entier du bassin méditerranéen. Nous chrétiens, nous savons et professons avec gratitude : oui, Dieu a réalisé sa promesse. Le règne du Fils de David, Jésus, s'étend « d'une mer à l'autre », d'un continent à l'autre, d'un siècle à l'autre.

Certes, la parole de Jésus à Pilate demeure aussi toujours vraie : « Mon royaume n'est pas d'ici » (Jn 18, 36). Parfois, au cours de l'histoire, les puissants de ce monde le tirent à eux ; mais il est alors justement en danger : ils veulent associer leur pouvoir au pouvoir de Jésus, et ainsi ils déforment son règne, le menacent. Ou bien il est soumis à la persécution insistante de la part des dominateurs qui ne tolèrent aucun autre règne et désirent éliminer le roi sans pouvoir, dont ils craignent toutefois le pouvoir mystérieux.

Mais « son règne n'aura pas de fin » : ce règne différent n'est pas construit sur un pouvoir mondain, mais il se fonde uniquement sur la foi et sur l'amour. Il est la grande force de l'espérance dans un monde qui semble si souvent être abandonné de Dieu. Le règne du Fils de David, Jésus, ne connaît pas de fin, parce qu'en lui règne Dieu lui-même, parce qu'en lui le règne de Dieu entre en ce monde. La promesse que Gabriel a transmise à la Vierge Marie est vraie. Elle s'accomplit toujours de nouveau.

La réponse de Marie, à laquelle maintenant nous parvenons, se développe en trois temps. La première réaction au salut de l'ange est faite de trouble et de réflexion. Sa réaction est différente de celle de Zacharie. De lui, on rapporte qu'il se troubla et que « la crainte fondit sur lui » (Lc 1, 12). Dans le cas de Marie, au début la même parole est utilisée (elle fut troublée), toutefois ensuite il n'y a pas de crainte, mais une réflexion intérieure sur la salutation de l'ange. Marie réfléchit (entre en dialogue avec elle-même) sur ce que signifie le salut du messager de Dieu. Déjà ici émerge ainsi un trait caractéristique de l'image de la Mère de Jésus, un trait que nous rencontrons dans l'Évangile à deux autres reprises dans des situations analogues : l'intérieur se confronte à la parole (cf. Lc 2, 19, 51).

Elle ne s'arrête pas au premier trouble devant la proximité de Dieu par son ange, mais elle cherche à comprendre. Marie apparaît donc comme une femme courageuse qui, même face à l'inouï, maintient sa maîtrise d'elle-même. En même temps, elle est présentée comme une femme de grande intériorité, qui tient ensemble le cœur et la raison et cherche à comprendre le contexte, l'ensemble du message de Dieu. De cette façon, elle devient image de l'Église qui réfléchit sur la parole de Dieu, qui cherche à la comprendre dans son ensemble et en conserve le don dans sa mémoire.

La deuxième réaction de Marie est énigmatique pour nous. À la suite de l'incertitude songeuse avec laquelle elle avait accueilli le salut du messager de Dieu, l'ange lui avait en effet communiqué son élection à devenir la Mère du Messie. Alors Marie pose une question brève et incisive : « Comment cela sera-t-il, puisque je ne connais pas d'homme ? » (Lc 1, 34).

Considérons de nouveau la différence par rapport à la réponse de Zacharie, qui avait réagi par un doute en ce qui concernait la possibilité de la tâche qui lui était confiée. Comme Élisabeth, il était d'un âge avancé ; il ne pouvait plus espérer avoir un fils. En revanche, Marie ne doute pas. Elle ne pose pas de question sur le « quoi », mais sur le « comment » peut se réaliser la promesse, cela n'étant pas concevable pour elle : « Comment cela sera-t-il, puisque je ne connais pas d'homme ? » Cette question paraît incompréhensible, parce que Marie était fiancée et, selon le droit judaïque, elle était considérée désormais comme assimilée à une épouse, même si elle n'habitait pas encore avec son mari et que la communion matrimoniale n'était pas encore commencée.

À partir d'Augustin, la question a été expliquée dans le sens que Marie aurait fait un vœu de virginité et aurait mis en application les fiançailles seulement pour avoir un protecteur de sa virginité. Mais cette reconstitution sort totalement du monde du judaïsme du temps de Jésus et semble impensable dans ce contexte. Que signifie alors cette parole ? Aucune réponse convaincante n'a été trouvée par l'exégèse moderne. On dit que Marie, qui n'était pas encore introduite à la maison, n'aurait pas encore eu de contact à ce moment avec un homme et aurait considéré la tâche comme immédiatement urgente. Cependant, cela ne convainc pas, parce que le temps de la cohabitation ne pouvait plus être très lointain. D'autres exégètes tendent à considérer la phrase comme une construction purement littéraire, pour développer le dialogue entre Marie et l'ange. Cependant cela n'est pas une véritable explication de la phrase. On pourrait aussi rappeler que, selon l'usage judaïque, les fiançailles étaient exprimées unilatéralement par l'homme, et on ne demandait pas son consentement à la femme. Mais cette indication ne résout pas non plus le problème.

Subsiste donc l'énigme – ou disons peut-être mieux : le mystère de cette phrase. Marie, pour des motifs qui ne nous sont pas accessibles, ne voit aucun chemin qui lui permette de devenir mère du Messie selon le mode du rapport conjugal. L'ange lui confirme qu'elle ne sera pas mère par la manière normale après avoir été accueillie dans la maison de Joseph, mais par « l'ombre de la puissance du Très-Haut », grâce à l'arrivée de l'Esprit Saint, et il atteste avec force : « Rien n'est impossible à Dieu » (Lc 1, 37).

À cela succède la troisième réaction, la réponse essentielle de Marie : son simple « oui ». Elle se déclare servante du Seigneur. « Qu'il m'advienne selon ta parole » (Lc 1, 38).

Bernard de Clairvaux, dans une homélie de l'Avent, a illustré de façon dramatique l'aspect émouvant de ce moment. Après l'échec des ancêtres, le monde entier est assombri, sous la domination de la mort. Maintenant Dieu cherche une nouvelle entrée dans le monde. Il frappe à la porte de Marie. Il a besoin de la liberté humaine. Il ne peut racheter l'homme, créé libre, sans un libre « oui » à sa volonté. En créant la liberté, Dieu, d'une certaine manière, s'est rendu dépendant de l'homme. Son pouvoir est lié au « oui » non forcé d'une personne humaine. Ainsi Bernard montre comment, au moment de la demande à Marie, le ciel et la terre, pour ainsi dire, retiennent leur souffle. Dira-t-elle « oui » ? Elle tergiverse… Peut-être son humilité lui sera-t-elle un obstacle ? Pour cette unique occasion – lui dit Bernard – ne sois pas humble, mais magnanime ! Donne-nous ton « oui » ! C'est là le moment décisif où de ses lèvres, de son cœur, vient la réponse : « Qu'il m'advienne selon ta parole. » C'est le moment de l'obéissance libre, humble et en même temps magnanime, où se réalise la décision la plus haute de la liberté humaine.

Marie devient mère par son « oui ». Les Pères de l'Église ont parfois exprimé tout cela en disant que Marie aurait conçu par l'oreille – c'est-à-dire : par son écoute. À travers son obéissance, la Parole est entrée en elle et, en elle, elle est devenue féconde. Dans ce contexte, les Pères ont développé l'idée de la naissance de Dieu en nous à travers la foi et le Baptême, par lesquels le *Logos* vient toujours à nous de nouveau, en nous rendant enfants de Dieu. Pensons, par exemple, aux paroles de saint Irénée : « Comment l'homme ira-t-il à Dieu, si Dieu n'est pas venu à l'homme ? Comment les hommes déposeront-ils la naissance de mort, s'ils ne sont pas régénérés, par le moyen de la foi, dans la naissance nouvelle qui fut donnée de façon merveilleuse et inattendue par Dieu en signe de salut, celle qui eut lieu du sein de la Vierge » (*Adv. haer.* IV 33, 4 ; cf. H. Rahner, p. 23).

Je pense qu'il est important d'écouter également la dernière phrase du récit lucanien de l'Annonciation : « Et l'ange la quitta » (Lc 1, 38). La grande heure de la rencontre avec le messager de Dieu, dans laquelle toute la vie change, passe, et Marie reste seule avec la tâche qui, en vérité, dépasse toute capacité humaine. Il n'y a pas d'anges autour d'elle. Elle doit continuer le chemin qui passera à travers de nombreuses obscurités – à commencer par le désarroi de Joseph face à sa grossesse jusqu'au moment où Jésus sera déclaré « hors de sens » (Mc 3, 21 ; cf. Jn 10, 20), et même, jusqu'à la nuit de la Croix.

De nombreuses fois dans ces situations, Marie se sera intérieurement reportée au moment où l'ange de Dieu lui avait parlé, elle aura entendu de nouveau et médité le salut, « Réjouis-toi, comblée de grâce ! », et la parole de réconfort : « Sois sans crainte ! » L'ange s'en va, la mission demeure et avec elle mûrit la proximité intérieure avec Dieu, la vision intime et la perception de sa proximité.

Conception et naissance
de Jésus selon Matthieu

Après la réflexion sur le récit lucanien de l'Annonciation, nous devons à présent écouter encore la tradition de l'Évangile de Matthieu sur le même événement. Contrairement à Luc, Matthieu parle de cela uniquement du point de vue de saint Joseph qui, en tant que descendant de David, fait fonction de lien entre la figure de Jésus et la promesse faite à David.

Matthieu nous informe avant tout du fait que Marie était fiancée à Joseph. Selon le droit judaïque alors en vigueur, les fiançailles signifiaient qu'un lien juridique entre les deux partenaires existait désormais, si bien que Marie pouvait être appelée la femme de Joseph, même si l'acte de son accueil à la maison, qui fondait la communion matrimoniale, n'avait pas encore eu lieu. Fiancée, « la femme vivait encore dans la maison de ses parents et restait sous la *patria potestas*. Un an plus tard, se déroulait l'accueil à la maison, c'est-à-dire la célébration du mariage » (Gnilka, *Matthäus* I, 1, p. 17). C'est alors que Joseph dut constater que Marie se trouvait « enceinte par le fait de l'Esprit Saint » (Mt 1, 18).

Mais ce que Matthieu anticipe ici sur la provenance de l'enfant, Joseph ne le sait pas encore. Celui-ci doit supposer que Marie a rompu leurs fiançailles et – selon la Loi – il doit l'abandonner ; à cet égard, il peut choisir entre un acte juridique public et une forme privée : il peut porter Marie devant un tribunal ou lui délivrer une lettre privée de répudiation. Joseph choisit la seconde voie, afin de ne pas « la dénoncer publiquement » (v. 19). Dans cette décision, Matthieu voit un signe que Joseph était « un homme juste ».

La qualification de Joseph comme homme juste (*zaddik*) va bien au-delà de la décision de ce moment précis : il offre un tableau complet de saint Joseph et en même temps l'insère parmi les grandes figures de l'Ancienne Alliance – à commencer par Abraham, le juste. Si on peut dire que la forme de religiosité présente dans le Nouveau Testament est condensée dans le mot « fidèle », l'ensemble d'une vie selon l'Écriture se résume, dans l'Ancien Testament, par le terme « juste ».

Le Psaume 1 offre l'image classique du « juste ». Nous pouvons donc pratiquement le considérer comme un portrait de la figure spirituelle de saint Joseph. Juste, selon ce Psaume, est un homme qui vit dans un contact profond avec la parole de Dieu ; qui « trouve sa joie dans la loi du Seigneur » (v. 2). C'est comme un arbre qui, planté le long des cours d'eau, porte constamment du fruit. Avec l'image des cours d'eau dont il s'abreuve, on entend naturellement la parole vivante de Dieu, dans laquelle le juste fait plonger les racines de son existence. La volonté de Dieu n'est pas pour lui une loi imposée de l'extérieur, mais « joie ». La Loi lui devient spontanément « Évangile », bonne nouvelle, parce qu'il l'interprète dans une attitude d'ouverture personnelle et pleine d'amour envers Dieu, et il apprend ainsi à la comprendre et à en vivre de l'intérieur.

Si le Psaume 1 considère comme caractéristique de l'« homme heureux » le fait de demeurer dans la Torah, dans la parole de Dieu, le texte parallèle en Jérémie 17, 7 appelle « béni » celui qui « se confie dans le Seigneur et dont le Seigneur est la foi ». Ici apparaît plus fort que jamais dans le Psaume le caractère personnel de la justice – la confiance en Dieu, une attitude qui donne l'espérance à l'homme. Même si les deux textes ne parlent pas directement du juste, mais de l'homme bienheureux ou béni, nous pouvons cependant les considérer, avec Hans Joachim Kraus, comme l'image authentique du juste vétérotestamentaire et ainsi, à partir de là, apprendre ce que Matthieu veut nous dire quand il présente Joseph comme un « homme juste ».

Cette image de l'homme qui a ses racines dans les eaux vives de la parole de Dieu, qui demeure toujours en dialogue avec Dieu, et qui par conséquent porte sans cesse du fruit, cette image devient concrète dans l'événement décrit, comme aussi en tout ce qui, par la suite, sera raconté à propos de Joseph de Nazareth. Après la découverte que Joseph a faite, il s'agit d'interpréter et d'appliquer la Loi d'une façon juste. Il le fait avec amour : il ne veut pas exposer Marie publiquement à l'ignominie. Il l'aime, même au moment de la grande déception. Il n'incarne pas cette forme de légalité extériorisée que Jésus dénonce en Matthieu 23 et contre laquelle lutte saint Paul. Il vit la Loi comme évangile, il cherche la voie de l'unité entre droit et amour. Et ainsi, il est intérieurement préparé au message nouveau, inattendu et humainement incroyable, que Dieu lui enverra.

Tandis que l'ange « entre » chez Marie (Lc 1, 28), il n'apparaît à Joseph qu'en songe – en un songe, cependant, qui est réalité et révèle la réalité. Encore une fois se présente à nous un trait essentiel de la figure de saint Joseph : sa faculté de percevoir le divin et sa capacité de discernement. Seulement à une personne profondément attentive au divin, dotée d'une particulière sensibilité pour Dieu et pour ses voies, le message divin peut être révélé de cette manière. Et la capacité de discernement est nécessaire pour reconnaître s'il s'agissait seulement d'un rêve ou si le messager de Dieu était vraiment venu à lui et lui avait parlé.

Le message qui lui est transmis est bouleversant et réclame une foi exceptionnellement courageuse. Est-il possible que Dieu lui ait vraiment parlé ? que Joseph, en songe, ait reçu la vérité – une vérité qui va au-delà de tout ce qu'on peut attendre ? Est-il possible que Dieu ait agi de cette façon chez un être humain ? Est-il possible que Dieu ait réalisé ainsi le début d'une nouvelle histoire avec les hommes ? Matthieu avait dit auparavant que Joseph en était à « considérer intérieurement » (*enthymēthèntos*) la question de la juste conduite à tenir devant la grossesse de Marie. Nous pouvons donc imaginer combien il lutte intérieurement avec ce message inouï du songe : « Joseph, fils de David, ne crains pas de prendre chez toi Marie, ta femme : car ce qui a été engendré en elle vient de l'Esprit Saint » (Mt 1, 20).

Joseph est interpellé explicitement comme fils de David, et par là lui est indiqué en même temps le devoir qui dans cet événement lui est assigné : en tant que destinataire de la promesse faite à David, il doit se porter garant de la fidélité de Dieu. « Ne crains pas » d'accepter cette tâche qui peut vraiment susciter la crainte. « Ne crains pas » – c'est ce que l'ange de l'Annonciation avait dit aussi à Marie. Avec la même exhortation de l'ange, Joseph est désormais impliqué dans le mystère de l'Incarnation de Dieu.

La nouvelle de la conception de l'enfant par la vertu du Saint-Esprit est suivie d'une charge : « Marie enfantera un fils et tu l'appelleras du nom de Jésus : car c'est lui qui sauvera son peuple de ses péchés » (Mt 1, 21). Avec l'invitation à prendre avec lui Marie comme épouse, Joseph reçoit l'ordre de donner un nom à l'enfant et ainsi de l'adopter juridiquement comme son fils. C'est le même nom que l'ange avait aussi indiqué à Marie comme nom de l'enfant : Jésus. Le nom Jésus (*Jeshua*) signifie : JHWH est salut. Le messager de Dieu, qui parle à Joseph en songe, précise en quoi consiste ce salut : « Il sauvera son peuple de ses péchés. »

Ainsi, d'une part une tâche hautement théologique est donnée, puisque seul Dieu lui-même peut pardonner les péchés. L'enfant est ainsi mis en relation immédiate avec Dieu, est associé direc-

tement au pouvoir saint et salvifique de Dieu.
D'autre part, cependant, cette définition de la
mission du Messie pourrait aussi apparaître déce-
vante. L'attente commune du salut est tournée par-
dessus tout vers la concrète situation pénible
d'Israël : vers la restauration du règne davidique, vers
la liberté et l'indépendance d'Israël et donc, naturellement, aussi vers le bien-être matériel d'un peuple
en grande partie appauvri. La promesse du pardon
des péchés apparaît trop peu et en même temps
trop : trop, parce qu'on touche à la sphère réservée à
Dieu lui-même ; trop peu, parce qu'il semble que la
souffrance concrète d'Israël et son réel besoin de
salut ne soient pas pris en considération.

Dans le fond, toute la controverse sur la messia-
nité de Jésus est déjà anticipée dans ces paroles :
a-t-il vraiment libéré Israël ou tout ne serait-il pas
resté comme avant ? La mission, telle qu'il l'a
vécue, est-elle ou n'est-elle pas la réponse à la promesse ? Assurément, elle ne correspond pas à
l'attente immédiate du salut messianique pour des
hommes qui se sentaient opprimés non pas tant
par leurs péchés que plutôt par leurs souffrances,
leur manque de liberté, la misère de leur existence.

Jésus lui-même a soulevé de manière drastique
la question de la priorité du besoin humain de
rédemption, quand les quatre hommes qui, à cause
de la foule, ne purent faire entrer le paralysé par la

porte le firent descendre par le toit et le posèrent devant ses pieds. L'existence même du malade était une prière, un cri qui réclamait le salut, un cri auquel Jésus, en pleine contradiction avec l'attente des porteurs et du malade lui-même, répondit par les paroles : « Mon enfant, tes péchés sont remis » (Mc 2, 5). Les gens ne s'attendaient pas à cela. Cela n'intéressait pas les gens. Le paralytique devait pouvoir marcher, non être libéré de ses péchés. Les scribes contestaient la présomption théologique des paroles de Jésus ; le malade et les hommes autour étaient déçus, parce que Jésus semblait ignorer le vrai besoin de cet homme.

Pour ma part, je retiens toute la scène comme absolument significative pour la question à propos de la mission de Jésus, ainsi qu'elle est décrite pour la première fois dans la parole de l'ange à Joseph. Ici est accueillie aussi bien la critique des scribes que l'attente silencieuse des gens. Que Jésus soit en mesure de pardonner les péchés, il le montre à présent en commandant au malade de prendre sa civière pour s'en aller guéri. Cependant, ainsi, la priorité du pardon des péchés comme fondement de toute vraie guérison de l'homme demeure sauvegardée.

L'homme est un être relationnel. Si la première, la relation fondamentale de l'homme – la relation avec Dieu – est perturbée, alors il n'y a plus rien qui puisse être vraiment en ordre. Dans le message et l'action de Jésus il s'agit de cette priorité : il veut, tout d'abord, solliciter l'attention de l'homme au cœur de son mal et le lui montrer : si tu n'es pas guéri en *cela*, alors, malgré toutes les bonnes choses que tu pourras trouver, tu ne seras pas vraiment guéri.

En ce sens, dans l'explication du nom de Jésus donné à Joseph en songe, il y a déjà une clarification fondamentale sur la façon de concevoir le salut de l'homme et, par conséquent, sur ce en quoi consiste la tâche essentielle du porteur du salut.

À l'annonce de l'ange à Joseph à propos de la conception et de la naissance virginales de Jésus, succèdent encore deux affirmations qui font partie intégrante du récit de Matthieu.

Avant tout, l'évangéliste montre qu'ainsi s'accomplit ce qu'avait prédit l'Écriture. Cela fait partie de la structure fondamentale de son Évangile : fournir pour tous les événements essentiels une « preuve par l'Écriture » – rendre évident que des paroles de l'Écriture ont attendu ces événements, les ont préparés de l'intérieur. Ainsi Matthieu montre que, dans l'histoire de Jésus, les paroles anciennes deviennent réalité. Mais il montre en même temps que l'histoire de Jésus est vraie, c'est-à-dire provenant de la parole de Dieu, soutenue et tissée par elle.

Après la citation biblique, Matthieu met fin au récit. Il rapporte que Joseph se réveilla et fit ce qui lui avait été commandé par l'ange du Seigneur. Il prit avec lui Marie, son épouse, mais il ne la « connut » pas avant qu'elle eût enfanté le Fils. Ainsi est souligné, encore une fois, que le Fils n'est pas engendré par lui, mais par le Saint-Esprit. Pour finir, l'évangéliste ajoute : « Et il l'appela du nom de Jésus » (Mt 1, 25).

Une nouvelle fois, Joseph nous est présenté ici très concrètement comme « un homme juste » : son être intérieurement attentif à Dieu – une attitude grâce à laquelle il peut accueillir et comprendre le message – devient spontanément obéissance. Si pour commencer il avait réfléchi avec ses propres capacités, il savait à présent quelle chose juste il devait faire pour être juste. En homme juste, il suit le commandement de Dieu, comme dit le Psaume 1.

Cependant, nous devons à présent écouter la preuve scripturaire présentée par Matthieu, qui – comment pouvait-il en être autrement ? – est devenue l'objet de vastes discussions exégétiques. Ainsi le verset dit : « Or tout ceci advint pour que s'accomplît cet oracle prophétique du Seigneur : "Voici que la Vierge concevra et enfantera un fils, et on l'appellera du nom d'Emmanuel" ce qui se traduit : "Dieu avec nous" » (Mt 1, 22 *sq.* ; cf. Is 7, 14). Cherchons à comprendre d'abord, dans son contexte historique d'origine, cette phrase du prophète, devenue à travers Matthieu un texte christologique important et fondamental, pour voir ensuite de quelle manière le mystère de Jésus-Christ se reflète en elle.

Exceptionnellement, nous pouvons fixer la datation de ce verset d'Isaïe de façon très précise : on le situe en 733 avant Jésus-Christ. Le roi assyrien Teglat-Phalasar III, par une campagne militaire inattendue, avait repoussé le début d'une insurrection des États syro-palestiniens. Les rois Raçon de Damas/Syrie et Peqah d'Israël s'unirent alors en une coalition contre la grande puissance assyrienne. Mais parce qu'ils n'avaient pas réussi à persuader le roi Achaz de Juda d'adhérer à leur alliance, ils décidèrent d'entrer en campagne contre le roi de Jérusalem afin d'inclure son pays dans leur coalition.

Achaz et son peuple – de façon bien compréhensible – sont remplis de peur devant l'alliance ennemie ; le cœur du roi – et celui de son peuple – chancelle « comme chancellent les arbres de la forêt sous le vent » (Is 7, 2). Malgré cela, Achaz – qui visiblement était un politique calculant avec prudence et froideur – garde la position déjà prise : il ne veut pas entrer dans une alliance anti-assyrienne dans laquelle, face à l'énorme suprématie de la grande puissance, il n'a clairement aucune *chance*. Au contraire, il conclut un pacte de protection avec l'Assyrie – ce qui, d'un côté, lui garantit la sécurité et sauve son pays de la destruction, mais de l'autre a pour prix l'adoration des divinités nationales de la puissance protectrice.

De fait, ce fut après la conclusion du pacte passé entre Achaz et l'Assyrie, en dépit de la mise en garde du prophète Isaïe, qu'on en arriva à la construction d'un autel selon le modèle assyrien dans le Temple de Jérusalem (cf. 2 R 16, 1 *sq.* ; cf. Kaiser, p. 73). Au moment auquel se réfère la citation d'Isaïe rapportée par Matthieu, on n'en était pas encore arrivé à ce point. Une chose cependant était claire : si Achaz avait passé l'accord avec le grand roi assyrien, cela aurait signifié que lui, en tant qu'homme politique, avait davantage confiance dans le pouvoir du roi que dans la puissance de Dieu, laquelle, de toute évidence, ne lui paraissait pas suffisamment réelle. En dernière analyse donc, il s'agissait là non d'un problème politique mais d'une question de foi.

Isaïe, dans ce contexte, dit au roi de ne pas avoir peur face à « ces deux bouts de tisons fumants », la Syrie et Israël (Éphraïm), et qu'il n'y a donc aucun motif pour l'accord de protection avec l'Assyrie : il doit s'appuyer sur la foi et non sur un calcul politique. D'une façon tout à fait inhabituelle, il invite Achaz à demander un signe à Dieu, du fond des enfers ou d'en haut. La réponse du roi hébreu semble pieuse : il ne veut pas tenter Dieu et ne veut demander aucun signe (cf. Is 7, 10-12). Le prophète qui parle de la part de Dieu ne se laisse pas embarrasser. Il sait que la renonciation du roi à un signe n'est pas – comme il peut sembler – une expression de foi, mais, au contraire, un indice du fait qu'il ne veut pas être gêné dans sa « realpolitik ».

C'est alors que le prophète annonce qu'à présent le Seigneur lui-même donnera un signe : « Voici, la jeune femme est enceinte, elle va enfanter un fils et elle lui donnera le nom d'Emmanuel [Dieu avec nous] » (Is 7, 14).

Quel est le signe ainsi promis à Achaz ? Matthieu, et avec lui toute la tradition chrétienne, y voit une annonce de la naissance de Jésus de la Vierge Marie – Jésus qui, à vrai dire, ne porte pas le nom d'Emmanuel, mais *est* l'Emmanuel, comme l'ensemble du récit des Évangiles cherche à le montrer. Cet homme – nous montrent les Évangiles – est lui-même la présence permanente de Dieu parmi les hommes. Il est vrai homme et en même temps Dieu, vrai Fils de Dieu.

Mais Isaïe a-t-il compris ainsi le signe annoncé ? Là-dessus, d'une part, on objecte par-dessus tout – et avec raison – que, justement, serait annoncé à Achaz un signe, qui, *à ce moment-là*, lui aurait été donné pour le ramener à la foi dans le Dieu d'Israël, en tant que vrai maître du monde. Donc, le signe devrait être cherché et reconnu dans le contexte historique contemporain, dans lequel il a été annoncé par le prophète. De la même façon, l'exégèse, avec une grande rigueur et avec toutes les possibilités de l'érudition historique, est allée à la recherche d'une explication historique contemporaine du déroulement des faits – et n'a pas réussi.

Rudolf Kilian, dans son commentaire d'Isaïe, a décrit brièvement les principales tentatives de ce genre. Il en montre quatre types principaux. Le premier dit : avec le terme « Emmanuel » on se réfère au Messie. L'idée du Messie, toutefois, ne s'est totalement développée que durant la période de l'exil et par la suite. On pourrait donc trouver ici tout au plus une anticipation de cette figure ; une correspondance historique contemporaine n'est pas identifiable. La deuxième hypothèse suppose que le « Dieu avec nous » soit un fils du roi Achaz, peut-être Ézéchias – thèse qui ne peut être vérifiée d'aucune façon. La troisième théorie imagine qu'il s'agit de l'un des fils du prophète Isaïe, qui portent tous les deux des noms prophétiques : *Seriasasùbi* :

« un reste reviendra » et *Maher-salal-cas-bazi* : « Prompt butin – proche pillage » (cf. Is 7, 3 ; 8, 3). Toutefois cette tentative ne se révèle pas convaincante non plus. Une quatrième thèse s'engage dans une interprétation collective : Emmanuel serait le nouvel Israël et la *'almāh* (« vierge ») ne serait « rien d'autre que la figure symbolique de Sion ». Mais le contexte du prophète n'offre aucun indice pour une telle conception, aussi parce que cela ne pourrait pas être non plus un signe historique contemporain. Kilian conclut ainsi son analyse des différents types d'interprétation : « Comme résultat de cette vision d'ensemble, il résulte donc qu'aucune des tentatives d'interprétation ne réussisse vraiment à convaincre. Autour de la mère et du fils le mystère demeure, au moins pour le lecteur d'aujourd'hui, mais sans doute aussi pour l'auditeur d'alors, et peut-être plus encore pour le prophète lui-même » (*Jesaja*, p. 62).

Que pouvons-nous donc dire ? L'affirmation sur la vierge qui donne naissance à l'Emmanuel, analogiquement au grand chant du Serviteur de JHWH en Isaïe 53, est une Parole en attente. Dans son contexte historique on ne trouve aucune confirmation. Elle reste ainsi une question ouverte : elle n'est pas seulement une parole adressée à Achaz. Elle n'est pas non plus seulement adressée à Israël. Elle est adressée à l'humanité. Le signe que Dieu lui-même annonce n'est pas offert pour une situation politique déterminée, mais regarde l'homme et son histoire dans son ensemble.

Les chrétiens ne devaient-ils pas entendre cette parole comme Parole pour eux ? Ne devaient-ils pas, touchés par la Parole, arriver à la certitude : la Parole, qui était toujours présente de façon si étrange et attendait d'être déchiffrée, est-elle devenue maintenant réalité ? Ne devaient-ils pas être convaincus : dans la naissance de Jésus de la Vierge Marie, Dieu nous a-t-il désormais donné ce signe ? L'Emmanuel est venu. Marius Reiser a résumé l'expérience que les lecteurs chrétiens firent de cette Parole dans la phrase : « La prédiction du prophète est comme un trou de serrure miraculeusement prédisposé, dans lequel le Christ-clé entre parfaitement » (*Bibelkritik*, p. 328).

Oui, je crois que justement aujourd'hui, après toute la recherche fébrile de l'exégèse critique, nous pouvons partager d'une façon toute nouvelle l'étonnement pour le fait qu'une Parole de l'an 733 avant Jésus-Christ, demeurée incompréhensible au moment de la conception de Jésus-Christ, s'est avérée – que Dieu, en effet, nous a donné un grand signe qui regarde le monde entier.

L'enfantement virginal :
mythe ou vérité historique ?

———◆———

Pour finir cependant, nous devons maintenant nous demander sérieusement ce que
les deux évangélistes Matthieu et Luc, de
façons diverses et sur le fondement de traditions
différentes, nous rapportent sur la conception de
Jésus par l'opération de l'Esprit dans le sein de la
Vierge Marie ; est-elle une réalité historique, un
événement historique réel, ou une pieuse légende
qui, à sa façon, veut exprimer et interpréter le mystère de Jésus ?

À partir d'Eduard Norden (1941) et de Martin
Dibelius (1947) surtout, on a cherché à faire
découler le récit de la naissance virginale de Jésus
de l'histoire des religions et, apparemment, une
découverte particulière a été faite dans les récits sur
la génération et la naissance des pharaons égyp-
tiens. Un second domaine d'idées analogues a été

trouvé dans le judaïsme antique, de nouveau en Égypte, chez Philon d'Alexandrie (40 apr. J.-C.). Toutefois, ces deux domaines d'idées sont très différents entre eux. Dans la description de la génération divine des pharaons, dans laquelle la divinité s'approche corporellement de la mère, il s'agit en fin de compte de la légitimation théologique du culte rendu au souverain, d'une théologie politique qui veut placer le roi dans la sphère du divin et légitimer ainsi sa prétention divine. La description que Philon fait de la génération des fils des Patriarches d'une semence divine possède en revanche un caractère allégorique. « Les femmes des Patriarches [...] deviennent des allégories des vertus. En tant que telles, elles sont fécondées par Dieu et enfantent pour leurs maris les vertus qu'elles personnifient » (Gnilka, *Matthäus* I, 25). Il est difficile d'évaluer jusqu'à quel point, au-delà de l'allégorie, on considère aussi la chose de manière concrète.

Une lecture attentive rend évident que, ni dans le premier, ni dans le second cas, il n'y a un vrai parallélisme avec le récit de la naissance virginale de Jésus. La même chose vaut pour les textes provenant du milieu gréco-romain, qu'on croyait pouvoir citer comme modèles païens du récit de la conception de Jésus par l'œuvre de l'Esprit Saint : l'union entre Zeus et Alcmène, de laquelle serait né Hercule ; celle de Zeus et Danaé, de laquelle serait né Persée, etc.

La différence des conceptions est si profonde que, en effet, on ne peut parler de vrais parallèles. Dans les récits des Évangiles, l'unicité du Dieu unique et l'infinie différence entre Dieu et la créature demeurent parfaitement conservées. Il n'existe aucune confusion, il n'y a aucun demi-dieu. La Parole créatrice de Dieu, par elle-même, opère quelque chose de nouveau. Jésus, né de Marie, est totalement homme et totalement Dieu, sans confusion et sans division, comme le précisera le *Credo* de Chalcédoine en 451.

Les récits de Matthieu et de Luc ne sont pas des mythes développés ultérieurement. Selon leur conception de fond, ils sont solidement ancrés dans la tradition biblique du Dieu Créateur et Rédempteur. Quant à leur contenu concret cependant, ils proviennent de la tradition familiale, ils sont une tradition transmise qui conserve ce qui s'est passé.

Je voudrais considérer comme l'unique vraie explication de ces récits ce que Joachim Gnilka, se référant à Gerhard Delling, exprime sous forme de question : « Le mystère de la naissance de Jésus [...] devait-il être placé par la suite au début de l'Évangile, ou bien n'est-il pas plutôt démontré par là que le mystère était connu ? Seulement on ne voulait pas trop en parler et en faire un événement dont on peut disposer » (p. 30).

Il me semble normal que ce soit seulement après la mort de Marie que le mystère ait pu devenir public et entrer dans la tradition commune du christianisme naissant. Il pouvait désormais être inséré aussi dans le développement de la doctrine christologique et rattaché à la profession qui reconnaissait en Jésus le Christ, le Fils de Dieu, non dans le sens où à partir d'une idée aurait été développé un récit, transformant une idée en un fait, mais au contraire : l'événement, un fait à présent connu, devenait un objet de réflexion à la recherche de sa compréhension. L'ensemble de la figure de Jésus-Christ jetait une lumière sur cet événement et, inversement, à partir de l'événement la logique de Dieu se comprenait encore plus profondément. Le mystère du commencement éclairait ce qui suivait, et inversement la foi dans le Christ déjà développée aidait à comprendre le commencement, la densité de son sens. C'est ainsi que s'est développée la christologie.

Arrivé à ce point, peut-être est-il opportun de mentionner un texte qui, tel un présage du mystère de l'enfantement virginal, a fait réfléchir la chrétienté occidentale depuis les premiers temps. Je pense à la quatrième églogue de Virgile qui fait partie de son recueil de poésies *Bucoliques* (poésies pastorales), composé à peu près quarante ans avant la naissance de Jésus. Au milieu de vers plaisants sur la vie à la campagne, retentit là, tout d'un coup, un ton très différent : l'avènement d'un nouveau grand ordre du monde à partir de ce qui est « intègre » (*ab integro*) est annoncé. « *Iam redit et virgo* – déjà la vierge revient ». Une nouvelle progéniture descend du haut du ciel. Un enfant, par lequel finit la descendance « de fer », naît.

Qu'est-ce qui est promis ici ? Qui est la vierge ? Qui est l'enfant dont on parle ? Ici encore – comme dans le cas d'Isaïe 7, 14 – les spécialistes ont cherché des identifications historiques mais elles ont de la même façon abouti dans le vide. Qu'est-ce qui est donc dit ? Le cadre imaginatif de l'ensemble provient de l'antique représentation du monde : dans le fond se trouve la doctrine du cycle des éons et du pouvoir du destin. Mais ces idées anciennes acquièrent une vive actualité à travers l'attente selon laquelle l'heure d'un grand tournant des éons serait désormais arrivée. Ce qui, jusqu'alors, n'était qu'un schéma lointain est soudain rendu présent. À l'époque d'Auguste, après tous les bouleversements dus aux guerres et aux guerres civiles, le pays est traversé par une onde d'espérance : désormais, une grande période de paix devrait finalement commencer, un nouvel ordre du monde devrait se lever.

De cette atmosphère d'attente de la nouveauté fait aussi partie la figure de la vierge, image de la pureté, de l'intégrité, du départ *ab integro*. Et l'attente de l'enfant, du « germe divin » (*deum suboles*), en fait partie. Pour cette raison peut-être peut-on dire que la figure de la vierge et celle de l'enfant divin font en quelque sorte partie des images primordiales de l'espérance humaine, qui émergent dans les moments de crise et d'attente, sans qu'il y ait de figures concrètes en perspective.

Revenons aux récits bibliques sur l'enfantement de Jésus par la Vierge Marie, qui avait conçu l'enfant par l'œuvre de l'Esprit Saint. Alors cela est-il vrai ? Ou bien peut-être des idées archétypes ont-elles été appliquées aux figures de Jésus et de sa Mère ?

Qui lit les récits bibliques et les confronte avec les traditions voisines, dont on a parlé brièvement il y a peu, voit aussitôt la profonde différence. Non seulement la confrontation avec les idées égyptiennes, dont nous avons parlé, mais aussi le rêve d'espérance que nous rencontrons chez Virgile nous conduisent dans des mondes d'un caractère très différent.

Chez Matthieu et Luc nous ne trouvons rien d'un tournant cosmique, rien à propos de contacts physiques entre Dieu et les hommes : il nous est raconté une histoire très humble et, pour cette raison, d'une grandeur bouleversante. C'est l'obéissance de Marie qui ouvre la porte à Dieu. La parole de Dieu, son Esprit, crée en elle l'Enfant. Il le crée à travers la porte de son obéissance. Ainsi Jésus est le nouvel Adam, un nouveau commencement *ab integro* – de la Vierge qui est pleinement à la disposition de la volonté de Dieu. De cette façon a lieu une nouvelle création, qui cependant se lie au « oui » libre de la personne humaine de Marie.

Peut-être peut-on dire que les rêves secrets et confus de l'humanité sur un nouveau commencement se sont réalisés dans cet avènement – en une réalité que Dieu seul pouvait créer.

Ce que nous disons dans le *Credo* est-il donc vrai : « Je crois [...] en Jésus-Christ, son Fils unique [de Dieu], notre Seigneur, qui a été conçu du Saint-Esprit, est né de la Vierge Marie » ?

La réponse sans réserve est : oui. Karl Barth a fait remarquer que dans l'histoire de Jésus il y a deux moments dans lesquels l'action de Dieu intervient immédiatement dans le monde matériel : la naissance par la Vierge et la résurrection du tombeau, dans lequel Jésus n'est pas resté et n'a pas subi la corruption. Ces deux faits représentent un scandale pour l'esprit moderne. On concède à Dieu d'opérer sur les idées et les pensées, dans la sphère spirituelle – mais non dans la sphère matérielle. Cela dérange. Là n'est pas sa place. Mais il s'agit justement de cela : c'est-à-dire que Dieu est Dieu, et qu'il n'évolue pas seulement dans le monde des idées. En ce sens, dans les deux points, il s'agit du même être-Dieu de Dieu. La question en jeu est : la matière lui appartient-elle aussi ?

Naturellement on ne peut attribuer à Dieu des choses insensées, irraisonnables ou en opposition avec sa création. Cependant il ne s'agit pas ici de quelque chose d'irraisonnable ni de contradictoire, mais de quelque chose de positif – du pouvoir créateur de Dieu qui embrasse tout l'être. C'est pourquoi ces deux points – l'enfantement virginal et la résurrection réelle du tombeau – sont des pierres de touche pour la foi. Si Dieu n'a pas aussi pouvoir sur la matière, alors il n'est pas Dieu. Mais il possède ce pouvoir et, par la conception et la résurrection de Jésus-Christ, il a inauguré une nouvelle création. Ainsi, en tant que Créateur, il est aussi notre Rédempteur. Pour cette raison, la conception et la naissance de Jésus de la Vierge Marie sont un élément fondamental de notre foi et un signal lumineux d'espérance.

Chapitre 3

La naissance de Jésus à Bethléem

Le cadre historique et théologique du récit de la naissance dans l'Évangile de Luc

---

« O r, il advint, en ces jours-là, que parut un édit de César Auguste, ordonnant le recensement de tout le monde habité » (Lc 2, 1). Par ces paroles, Luc introduit son récit sur la naissance de Jésus et explique pourquoi elle a eu lieu à Bethléem. Un recensement, pour déterminer et ensuite percevoir les impôts, est la raison pour laquelle Joseph et Marie, son épouse qui est enceinte, vont de Nazareth à Bethléem. La naissance de Jésus dans la ville de David se situe dans le cadre de la grande histoire universelle, même si l'empereur ne sait rien du fait qu'à cause de lui ces gens simples sont en voyage à un moment difficile ; et ainsi, apparemment par hasard, l'Enfant Jésus naîtra dans le lieu de la promesse.

Pour Luc, le contexte historico-universel est important. Pour la première fois « tout le monde habité », l'*œkoumène* dans son ensemble, est recensé. Pour la première fois un gouvernement et un royaume qui embrasse toute la terre existent. Pour la première fois un grand espace pacifié, où les biens de tous peuvent être enregistrés et mis au service de la communauté, existe. C'est seulement à ce moment, où une communion de droits et de biens à une grande échelle existe et où une langue universelle permet à une communauté culturelle l'entente dans la pensée et dans l'action, qu'un message universel de salut, un porteur universel de salut peut entrer dans le monde : c'est en effet « la plénitude des temps ».

Cependant, le lien entre Jésus et Auguste va plus en profondeur. Auguste ne voulait pas seulement être un souverain quelconque, comme ceux qui étaient avant lui et qui viendraient après lui. L'épigraphe de Priène remontant à 9 avant J.-C. nous fait comprendre comment il voulait être vu et compris. On y dit que le jour de la naissance de l'empereur « a conféré au monde entier un aspect différent. Celui-ci serait parti en ruine si en lui, l'homme d'ascendance divine, une perspective commune de bonheur n'avait pas émergé [...]. La providence qui dispose divinement de notre vie a comblé cet homme, pour le salut des hommes, de ces dons pour l'envoyer à nous et aux générations futures comme sauveur (*sōtēr*) [...]. Le jour anniversaire du dieu fut pour le monde le commencement des "évangiles" liés à lui. À partir de sa naissance un nouveau calcul du temps doit commencer » (cf. Stöger, p. 74).

Selon un texte du même genre, il est clair qu'Auguste était vu non seulement comme un politique, mais comme une figure théologique, compte tenu, toutefois, de ce que notre séparation entre politique et religion, entre politique et théologie n'existait pas dans le monde antique. Déjà en 27 avant J.-C., trois ans après son entrée en charge, le sénat romain lui avait conféré le titre d'*auguste* (en grec *sebastos*) – « l'adorable ». Dans l'inscription de Priène, il est appelé sauveur (*sōtēr*). Ce titre, qui dans la littérature était attribué à Zeus, mais aussi à Épicure et à Esculape, est dans la traduction grecque de l'Ancien Testament réservé exclusivement à Dieu. Pour Auguste aussi, il possède une connotation divine : l'empereur a suscité un tournant du monde, il a introduit un temps nouveau.

Dans la quatrième églogue de Virgile, nous avons déjà rencontré cette espérance d'un monde nouveau, l'attente du retour du paradis. Même si chez Virgile – comme nous l'avons vu – il y a un fond plus vaste, toutefois la manière dont on

percevait la vie à l'époque d'Auguste influe :
« Maintenant tout doit changer… »

Je voudrais encore souligner de façon particulière deux aspects importants de la perception de soi propre à Auguste et à ses contemporains. Le « sauveur » a surtout apporté au monde la paix. Lui-même a fait représenter sa mission de porteur de paix sous une forme monumentale et pour tous les temps dans l'*Ara Pacis Augusti*, dont les restes conservés rendent évident encore aujourd'hui de façon impressionnante comment la paix universelle, assurée par lui pour un certain temps, permettait aux gens de pousser un profond soupir de soulagement et d'espérer. À cet égard, Marius Reiser, se référant à Antonie Wlosok, écrit : le 23 septembre (anniversaire de l'empereur), « l'ombre de cette méridienne avançait, du matin au soir, d'environ 150 mètres droit sur la ligne d'équinoxe, précisément jusqu'au centre de l'*Ara Pacis* ; il y a donc une ligne directe de la naissance de cet homme à la *pax*, et de cette façon il est démontré visiblement qu'il est *natus ad pacem*. L'ombre provient d'une balle, et la balle […] est en même temps la sphère du ciel comme le globe de la terre, symbole de la domination sur le monde qui maintenant a été pacifié » (« Wie wahr ist die Weihnachtsgeschichte ? », p. 459).

Ici transparaît le second aspect de l'auto-conscience d'Auguste : l'universalité qu'Auguste lui-même, en une sorte de compte rendu de sa vie et de son œuvre, appelé *Monumentum Ancyranum*, a démontrée avec des données concrètes et a fortement mise en relief.

Avec cela nous sommes de nouveau parvenus au fait de l'enregistrement de tous les habitants du royaume, qui relie la naissance de Jésus de Nazareth à l'empereur Auguste. Sur ce recouvrement des impôts (le recensement) existe une vaste discussion entre les savants, dans les détails de laquelle nous ne devons pas entrer ici.

Un premier problème est encore assez facile à clarifier : le recensement a lieu au temps du roi Hérode le Grand qui, toutefois, mourut en 4 avant J.-C. Le commencement de notre calcul du temps – la détermination de la naissance de Jésus – remonte au moine Dionysius Exiguus (mort vers 550), qui dans ses calculs s'est à l'évidence trompé de quelques années. La date historique de la naissance de Jésus est donc à fixer quelques années auparavant.

Deux autres dates ont causé de grandes controverses. Selon Flavius Josèphe, à qui nous devons surtout nos connaissances de l'histoire juive au temps de Jésus, le recensement eut lieu en

6 après J.-C., sous le gouverneur Quirinius et
– puisque, finalement, il s'agit là d'argent –
conduisit à l'insurrection de Judas le Galiléen (cf.
Ac 5, 37). En outre, Quirinius aurait été actif dans
le milieu syriaco-judaïque à cette période seulement et non auparavant. Ces faits, cependant,
quant à eux, sont de nouveau incertains ; en tout
cas, des indices existent selon lesquels Quirinius,
sur ordre de l'empereur, opérait déjà aussi en Syrie
aux environs de l'an 9 avant J.-C. Ainsi les indications de divers chercheurs sont certainement
convaincantes, par exemple celles d'Alois Stöger,
selon lesquelles, dans les circonstances d'alors, le
« recensement » se déroulait de façon difficile et se
prolongeait pendant quelques années. Du reste,
celui-ci se réalisait en deux étapes : d'abord dans
l'inscription de toute la propriété terrienne et
immobilière, et ensuite – dans un deuxième
temps – dans la détermination des impôts à payer
de fait. La première étape eut donc lieu au temps
de la naissance de Jésus ; la seconde étape, qui pour
le peuple était beaucoup plus irritante, suscita
l'insurrection (cf. Stöger, p. 372 *sq.*).

Enfin on a aussi objecté que, pour un tel relevé,
un voyage de « chacun dans sa ville » (Lc 2, 3)
n'aurait pas été nécessaire. Nous savons cependant,
de diverses sources, que les intéressés devaient se
présenter là où ils avaient des propriétés terriennes.

Conformément à cela, nous pouvons supposer que Joseph, de la maison de David, disposait d'une propriété terrienne à Bethléem, si bien que, pour le recouvrement des impôts, il devait s'y rendre.

On pourra toujours discuter sur beaucoup de détails. Il demeure difficile de jeter un regard sur le quotidien d'une administration aussi lointaine pour nous et aussi complexe que celle de l'Empire romain. Toutefois, les contenus essentiels des données rapportées par Luc demeurent, malgré tout, historiquement crédibles : il a décidé – comme il dit dans le prologue de son Évangile – « de s'informer soigneusement sur chaque circonstance » (cf. 1, 3). Cela, il l'a évidemment fait avec les moyens à sa disposition. Il était donc toujours bien plus proche des sources et des événements que nous pouvons l'être, malgré toute l'érudition historique.

Revenons au contexte large du moment historique où a eu lieu la naissance de Jésus. Avec la référence à l'empereur Auguste et à « l'*œkoumène* tout entière », Luc a consciemment créé un cadre à la fois historique et théologique pour les événements à raconter.

Jésus est né à une époque identifiable avec précision. Au commencement de l'activité publique de Jésus, Luc offre encore une fois une datation

détaillée et soignée de ce moment historique : c'est
la quinzième année du principat de Tibère César ;
sont en outre mentionnés le gouverneur romain de
cette année-là et les tétrarques de Galilée, d'Iturée
et de Trachonitide, de même que d'Abilène, et
finalement les chefs des prêtres (cf. Lc 3, 1 *sq.*).

Jésus n'est pas né ni apparu en public dans
l'imprécis « jadis » du mythe. Il appartient à une
époque exactement datable et à un milieu géographique exactement indiqué : l'universel et le
concret se touchent mutuellement. En Lui, le
Logos, la Raison créatrice de toutes choses est
entrée dans le monde. Le *Logos* éternel s'est fait
homme, et le contexte de lieu et de temps en fait
partie. La foi est liée à cette réalité concrète, même
si ensuite, en vertu de la résurrection, l'espace tem-
porel et géographique est dépassé et le « il vous
précède en Galilée » (Mt 28, 7) de la part du Seigneur introduit dans l'ampleur sans fin de l'humanité entière (cf. Mt 28, 16 *sq.*).

Un autre élément est encore important. Le
décret d'Auguste pour l'enregistrement fiscal de
tous les citoyens de l'*œkoumène* conduit Joseph,
avec son épouse Marie, à Bethléem, dans la ville
de David, et il sert ainsi à l'accomplissement de
la promesse du prophète Michée, promesse selon
laquelle le Pasteur d'Israël serait né dans cette ville

(cf. 5, 1-3). Sans le savoir, l'empereur contribue à l'accomplissement de la promesse : l'histoire de l'Empire romain et l'histoire du Salut, commencée par Dieu avec Israël, se pénètrent mutuellement. L'histoire de l'élection faite par Dieu, jusqu'alors limitée à Israël, entre dans l'étendue du monde, de l'histoire universelle. Dieu, qui est le Dieu d'Israël et de tous les peuples, se montre comme le vrai guide de toute l'histoire.

Des représentants de l'exégèse moderne qui font autorité estiment que l'information des deux évangélistes Matthieu et Luc, selon laquelle Jésus naquit à Bethléem, serait une affirmation théologique, non historique. En réalité, Jésus serait né à Nazareth. Avec les récits de la naissance de Jésus à Bethléem, l'histoire aurait été théologiquement réélaborée selon les promesses, pour pouvoir ainsi – d'après le lieu de la naissance – indiquer Jésus comme le Pasteur d'Israël attendu (cf. Mi 5, 1-3 ; Mt 2, 6).

Je ne vois pas comment de véritables sources peuvent soutenir une telle théorie. De fait, sur la naissance de Jésus nous n'avons pas d'autres sources que celles des récits de l'enfance chez Matthieu et Luc. Les deux dépendent avec évidence de représentants de traditions très diverses. Ils sont

influencés par des approches théologiques différentes, de même que leurs informations historiques
divergent aussi en partie.

Il apparaît clairement qu'il n'était pas connu de
Matthieu que Joseph tout comme Marie habitaient
initialement à Nazareth. C'est pour cela que, reve-
nant d'Égypte, Joseph veut d'abord se rendre à
Bethléem, et seule la nouvelle qu'en Judée règne
un fils d'Hérode le pousse à se dérouter vers la
Galilée. Pour Luc, au contraire, il est clair depuis
le début que la Sainte Famille, après les événements
de la naissance, est retournée à Nazareth. Les deux
lignes différentes de tradition concordent sur
l'information que le lieu de la naissance de Jésus
était Bethléem. Si nous nous en tenons aux
sources, et si nous ne dévions pas vers des inven-
tions personnelles, il demeure clair que Jésus est né
à Bethléem et a grandi à Nazareth.

La naissance de Jésus

« **O** r il advint, comme ils étaient là [à Bethléem], que les jours furent accomplis où elle devait enfanter. Elle enfanta son fils premier-né, l'enveloppa de langes et le coucha dans une mangeoire, parce qu'ils manquaient de place dans la salle » (Lc 2, 6-7).

Commençons notre commentaire par les derniers mots de cette phrase : « ils manquaient de place dans la salle ». La méditation, dans la foi, de ces paroles a trouvé dans cette affirmation un parallélisme intérieur avec la parole, riche de contenu profond, du Prologue de saint Jean : « Il est venu chez lui, et les siens ne l'ont pas accueilli » (Jn 1, 11). Pour le Sauveur du monde, pour Celui en vue duquel tout a été créé (cf. Col 1, 16), il n'y a pas de place. « Les renards ont des tanières et les oiseaux du ciel ont des nids ; le Fils de l'homme, lui, n'a pas où reposer la tête » (Mt 8, 20). Celui qui a été crucifié hors de la porte de la ville (cf. Hé 13, 12) est né aussi hors de la porte de la ville.

Cela doit nous faire réfléchir, nous renvoyer au renversement de valeurs qu'il y a dans la figure de Jésus-Christ, dans son message. Depuis sa naissance il n'appartient pas à ce milieu qui, selon le monde, est important et puissant. Mais justement cet homme insignifiant et sans pouvoir se révèle comme le vraiment Puissant, comme celui, en fin de compte, dont tout dépend. Fait donc partie du devenir chrétien le fait de sortir de ce que tous pensent et veulent – des critères dominants –, pour entrer dans la Lumière de la Vérité sur notre être et rejoindre le juste chemin avec cette lumière.

Marie couche son enfant nouveau-né dans une mangeoire (cf. Lc 2, 7). On en a déduit, avec raison, que Jésus était né dans une étable, dans un milieu peu accueillant – on serait tenté de dire : indigne –, qui, quoi qu'il en soit, offrait la discrétion nécessaire pour le saint événement. Dans la région autour de Bethléem, on utilisait depuis toujours des grottes comme étable (cf. Stuhlmacher, p. 51).

Déjà chez Justin martyr (mort en 165) et chez Origène (mort vers 254), nous trouvons la tradition selon laquelle le lieu de la naissance de Jésus aurait été une grotte, que les chrétiens de Palestine indiquaient. Le fait que Rome, après l'expulsion des juifs de Terre sainte au IIe siècle, a transformé la grotte en un lieu de culte à Tammuz-Adonis, entendant par là évidemment supprimer la mémoire cultuelle des chrétiens, confirme l'antiquité de ce lieu de culte et montre aussi son importance dans la considération romaine. Souvent les traditions locales sont une source plus sûre que les informations écrites. On peut donc reconnaître une grande valeur de crédibilité à la tradition locale de Bethléem, à laquelle se rattache aussi la basilique de la Nativité.

Marie enveloppa l'enfant de langes. Sans aucun sentimentalisme, nous pouvons imaginer avec quel amour Marie sera allée à la rencontre de son heure, aura préparé la naissance de son Fils. La tradition des icônes, selon la théologie des Pères, a aussi interprété théologiquement la mangeoire et les langes. Le petit enfant étroitement enveloppé dans les langes apparaît comme un renvoi anticipé à l'heure de sa mort : il est depuis le commencement l'Immolé, comme nous le verrons encore plus en détail en réfléchissant sur la Parole à propos du premier-né. Ainsi, la mangeoire était représentée comme une sorte d'autel.

Augustin a interprété la signification de la mangeoire par une pensée qui, dans un premier temps, apparaît presque inconvenante, mais qui, examinée plus attentivement, contient au contraire une profonde vérité. La mangeoire est le lieu où les animaux trouvent leur nourriture. Cependant, dans la mangeoire est à présent couché celui qui s'est désigné lui-même comme le vrai pain descendu du ciel – comme la vraie nourriture dont l'homme a besoin pour son être de personne humaine. Il est la nourriture qui donne à l'homme la vraie vie, la vie éternelle. De cette façon, la mangeoire devient un renvoi à la table de Dieu, à laquelle l'homme est invité, pour recevoir le pain de Dieu. Dans la pauvreté de la naissance de Jésus est esquissée la grande réalité, dans laquelle se réalise de façon mystérieuse la rédemption des hommes.

La mangeoire renvoie – comme on a dit – aux animaux, pour lesquels elle est le lieu de la nourriture. Ici, dans l'Évangile, on ne parle pas d'animaux. Mais la méditation guidée par la foi, lisant l'Ancien et le Nouveau Testament reliés entre eux, a bien vite comblé cette lacune, en renvoyant à Isaïe 1, 3 : « Le bœuf connaît son possesseur, et l'âne la mangeoire de son maître, Israël ne connaît pas, mon peuple ne comprend pas. »

Peter Stuhlmacher note que probablement la version grecque de Habaquq 3, 2 eut aussi une certaine influence : « Au milieu des deux êtres vivants… tu seras connu ; quand sera venu le temps, tu apparaîtras » (cf. *Die Geburt des Immanuel…*, p. 52). Par les deux êtres vivants on entend évidemment les deux Chérubins qui, selon Exode 25, 18-20, sur le couvercle de l'arche d'alliance, indiquent et en même temps cachent la mystérieuse présence de Dieu. Ainsi la mangeoire deviendrait d'une certaine façon l'arche d'alliance, dans laquelle Dieu, mystérieusement gardé, serait au milieu des hommes, et devant laquelle pour « le bœuf et l'âne », pour l'humanité composée de juifs et de gentils, l'heure de la connaissance de Dieu serait arrivée.

Dans l'étonnant lien entre Isaïe 1, 3, Habaquq 3, 2, Exode 25, 18-20 et la mangeoire apparaissent donc les deux animaux comme représentation de l'humanité sans intelligence qui, devant l'Enfant, devant l'humble apparition de Dieu dans l'étable, arrive à la connaissance et, dans la pauvreté de cette naissance, reçoit l'épiphanie qui apprend maintenant à tous à voir. L'iconographie chrétienne a cultivé très tôt ce thème. Aucune représentation de la crèche ne renoncera au bœuf ni à l'âne.

Après cette petite digression, revenons au texte de l'Évangile. On y lit : « Marie enfanta son fils premier-né » (Lc 2, 7). Qu'est-ce que cela signifie ?

Le premier-né n'est pas nécessairement le premier d'une série continue. Le mot « premier-né » ne renvoie pas à une numération qui se poursuit, mais indique une qualité théologique exprimée dans les recueils de lois d'Israël les plus anciens. Dans les prescriptions pour la Pâque se trouve la phrase : « Le Seigneur parla à Moïse et lui dit : "Consacre-moi tout premier-né, prémices du sein maternel, parmi les Israélites. Homme ou animal il est à moi" » (Ex 13, 1-2). « Tous les premier-nés de l'homme, parmi tes fils, tu les rachèteras » (Ex 13, 13). Ainsi la parole sur le premier-né est même déjà un renvoi anticipé au récit suivant sur la présentation de Jésus au Temple. De toute manière, par cette parole on indique une appartenance particulière de Jésus à Dieu.

La théologie paulinienne a développé ultérieurement la pensée au sujet de Jésus comme premier-né en deux étapes. Dans la Lettre aux Romains, Paul appelle Jésus « le premier-né d'une multitude de frères » (8, 29) : depuis qu'il est ressuscité, il est maintenant de façon nouvelle « premier-né » et en même temps le premier d'une multitude de frères. Dans la nouvelle naissance de la Résurrection, Jésus n'est plus seulement le premier selon la dignité, mais celui qui inaugure une nouvelle humanité. Depuis la destruction de la porte d'airain de la mort, ils sont maintenant nombreux à pouvoir passer avec lui : tous ceux qui dans le Baptême sont morts et ressuscités avec lui.

Dans la Lettre aux Colossiens, cette pensée est encore élargie : le Christ est appelé le « premier-né de toute créature » (1, 15) et le « premier-né d'entre les morts » (1, 18). « Tout a été créé par lui et pour lui » (1, 16). « Il est le principe » (1, 18). Le concept de la primogéniture acquiert une dimension cosmique. Le Christ, le Fils incarné, est, pour ainsi dire, la première idée de Dieu et précède toute création, laquelle est ordonnée en vue de lui et à partir de lui. Avec cela il est aussi principe et fin de la nouvelle création qui a commencé avec la Résurrection.

Chez Luc on ne parle pas de tout cela, mais pour les lecteurs postérieurs de son Évangile – pour nous –, dans la pauvre mangeoire de la grotte de Bethléem se trouve déjà cette splendeur cosmique : ici le vrai premier-né de l'univers est arrivé au milieu de nous.

« Il y avait dans la même région des bergers qui vivaient aux champs et gardaient leurs troupeaux durant les veilles de la nuit. L'ange du Seigneur se tint près d'eux et la gloire du Seigneur les enveloppa de sa clarté » (Lc 2, 8-9). Les premiers témoins du grand événement sont des bergers qui veillaient. On a beaucoup réfléchi sur la signification que peut avoir le fait que justement des bergers ont reçu le message les premiers. Il ne me semble pas nécessaire d'engager beaucoup de sagacité sur cette question. Jésus est né hors de la ville dans un environnement de pâturages où les bergers conduisaient leurs troupeaux. Il était donc normal que ce fussent eux, parce qu'ils étaient les plus proches de l'événement, qui fussent appelés les premiers à la mangeoire.

Naturellement, on peut tout de suite développer l'idée : peut-être que non seulement extérieurement, mais aussi intérieurement, ils vivaient plus près de l'événement que les citadins qui dormaient tranquillement. Intérieurement aussi ils n'étaient pas loin du Dieu qui se fait petit enfant. Cela correspond au fait qu'ils faisaient partie des pauvres, des âmes simples, que Jésus aurait bénies, surtout parce que l'accès au mystère de Dieu leur est réservé (cf. Lc 10, 21 *sq.*). Ils représentent les pauvres d'Israël, les pauvres en général : les destinataires privilégiés de l'amour de Dieu.

Un accent supplémentaire fut ensuite apporté, surtout par la tradition monastique : les moines étaient des personnes qui veillaient. Ils voulaient être éveillés en ce monde – déjà par leur prière nocturne, mais ensuite veiller surtout intérieurement, être ouverts à l'appel de Dieu à travers les signes de sa présence.

Enfin, on peut encore penser au récit du choix de David comme roi. Saul, en tant que roi, avait été rejeté par Dieu. Samuel est envoyé à Bethléem chez Jessé, pour oindre comme roi un de ses fils que le Seigneur lui aurait indiqué. Aucun des fils qui se présentent devant lui n'est celui qui est choisi. Il manque encore le plus jeune, mais celui-ci fait paître le troupeau, explique Jessé au prophète. Samuel le fait rappeler du pâturage et, selon l'indication de Dieu, il oint le jeune David « au milieu de ses frères » (cf. 1 S 16, 1-13). David vient d'auprès des brebis qu'il fait paître, et il est constitué pasteur d'Israël (cf. 2 S 5, 2). Le prophète Michée regarde vers l'avenir lointain et annonce que de Bethléem sortirait celui qui, un jour, ferait paître le peuple d'Israël (cf. Mi 5, 1-3 ; Mt 2, 6). – Jésus naît parmi les bergers. Il est le grand Berger des hommes (cf. 1 P 2, 25 ; Hé 13, 20).

Revenons au texte du récit de Noël. L'ange du Seigneur se présente aux bergers et la gloire du Seigneur les enveloppe de lumière. « Ils furent saisis d'une grande crainte » (Lc 2, 9). Cependant l'ange dissipe leur crainte et leur annonce « une grande joie, qui sera celle de tout le peuple : aujourd'hui vous est né un Sauveur, qui est le Christ Seigneur, dans la ville de David » (Lc 2, 10 *sq.*). Il leur est dit que, comme signe, ils trouveront un petit enfant enveloppé de langes, couché dans une mangeoire.

« Et soudain se joignit à l'ange une troupe nombreuse de l'armée céleste, qui louait Dieu, en disant : "Gloire à Dieu au plus haut des cieux et sur la terre paix aux hommes objets de sa complaisance" » (Lc 2, 13-14). L'évangéliste dit que les anges « parlent ». Mais pour les chrétiens il était clair depuis le début que la parole des anges est un chant, dans lequel se fait perceptiblement présente toute la splendeur de la grande joie qui leur est annoncée. Et ainsi, à partir de ce moment, le chant de louange des anges n'a plus jamais cessé. Il continue à travers les siècles sous des formes toujours nouvelles et dans la célébration de la naissance de Jésus il résonne toujours sur un mode nouveau. On peut comprendre ainsi que le simple peuple des croyants a par la suite aussi entendu chanter les bergers, et, jusqu'à aujourd'hui, dans la Sainte Nuit, il s'unit à leurs mélodies, exprimant par le chant la grande joie que celui-ci donne depuis lors à tous jusqu'à la fin des temps.

Mais qu'ont chanté les anges, selon le récit de saint Luc ? Ils unissent la gloire de Dieu « au plus haut des cieux » à la paix des hommes « sur la terre ». L'Église a repris ces paroles et en a composé tout un hymne. Dans les détails, cependant, la traduction des paroles de l'ange est controversée.

Le texte latin qui nous est familier était rendu ainsi jusqu'à un temps récent : « Gloire à Dieu au plus haut des cieux et paix sur la terre aux hommes de bonne volonté. » Cette traduction est refusée par les exégètes modernes – non sans de bonnes raisons – comme unilatéralement moralisante. La « gloire de Dieu » n'est pas une chose que les hommes peuvent produire (« *Que soit* gloire à Dieu »). La « gloire » de Dieu existe, Dieu *est* glorieux, et c'est vraiment un motif de joie : la vérité existe, le bien existe, la beauté existe. Ces réalités sont – en Dieu – de façon indestructible.

Plus importante est la différence dans la traduction de la seconde partie des paroles de l'ange. Ce qui, jusqu'à il y a peu de temps, était rendu par « hommes de bonne volonté » est exprimé maintenant dans la traduction de la Conférence épiscopale allemande par : « *Menschen seiner Gnade* » – « hommes de sa grâce ». Dans la traduction de la Conférence épiscopale italienne on parle d'« hommes, qu'il aime ». Alors, on peut s'interroger : quels sont les hommes que Dieu aime ? Y en a-t-il aussi que Dieu n'aime pas ? Est-ce qu'Il ne les aime pas tous comme ses créatures ? Que veut donc dire l'ajout : « que Dieu aime » ? On peut aussi se poser une question similaire devant la traduction allemande. Qui sont les « hommes de sa grâce » ? Existe-t-il des personnes qui ne sont pas dans sa grâce ? Et si oui, pour quelle raison ? La traduction littérale du texte original grec donne : paix aux « hommes de [sa] bienveillance ». Ici aussi demeure naturellement la question : quels hommes sont dans la bienveillance de Dieu ? Et pourquoi ?

Eh bien, pour la compréhension de ce problème, nous trouvons une aide dans le Nouveau Testament. Dans le récit du baptême de Jésus, Luc nous raconte que, alors que Jésus était en prière, le ciel s'ouvrit et vint du ciel une voix qui disait : « Tu es mon Fils bien-aimé, en toi j'ai mis ma bienveillance » (3, 22). L'homme de la bienveillance c'est Jésus. Il l'est parce qu'il est totalement tourné vers le Père, il vit en regardant vers lui et en communion de volonté avec lui. Les personnes de la bienveillance sont donc des personnes qui ont l'attitude du Fils – des personnes conformes au Christ.

Derrière la différence entre les traductions il y a, en dernière analyse, la question de la relation entre la grâce de Dieu et la liberté humaine. Ici deux positions extrêmes sont possibles : tout d'abord l'idée de l'exclusivité absolue de l'action de Dieu, si bien que tout dépend de sa prédestination ;

à l'autre extrême, une position moralisante selon laquelle, en fin de compte, tout se décide selon la bonne volonté de l'homme. La traduction précédente qui parlait des hommes « de bonne volonté » pouvait être en ce sens mal comprise. La nouvelle traduction peut être mal interprétée dans le sens opposé, comme si tout dépendait uniquement de la prédestination de Dieu.

Tout le témoignage de la Sainte Écriture ne laisse aucun doute sur le fait qu'aucune des deux positions extrêmes n'est juste. Grâce et liberté se compénètrent mutuellement, et nous ne pouvons pas exprimer le fait d'opérer l'une dans l'autre au moyen de formules claires. Il reste vrai que nous ne pourrions pas aimer si d'abord nous n'étions aimés de Dieu. La grâce de Dieu nous précède toujours, nous embrasse et nous soutient. Mais il reste vrai aussi que l'homme est appelé à participer à cet amour, il n'est pas un simple instrument, privé de volonté propre, de la toute-puissance de Dieu ; il peut aimer en communion avec l'amour de Dieu ou il peut aussi refuser cet amour. Il me semble que la traduction littérale – « de la bienveillance » (ou « de sa bienveillance ») – respecte mieux ce mystère, sans le dissoudre dans un sens unilatéral.

En ce qui concerne la gloire au plus haut des cieux, ici, à l'évidence, le verbe « est » est déterminant : Dieu *est* glorieux, il *est* la Vérité indestructible, la Beauté éternelle. C'est la certitude fondamentale et réconfortante de notre foi. Il existe toutefois ici aussi – selon les trois premiers Commandements du Décalogue – de façon subordonnée, une tâche pour nous : nous engager afin que la grande gloire de Dieu ne soit ni entachée ni défigurée dans le monde ; afin que, à sa grandeur et à sa sainte volonté, soit rendue la gloire qui leur est due.

Maintenant, cependant, nous devons encore réfléchir sur un autre aspect du message de l'ange. Les catégories de fond qui caractérisent la perception de soi et la vision du monde propres de l'empereur Auguste y reviennent : *sōter* (sauveur), paix, *œkoumène* – ici, bien sûr, élargies au-delà du monde méditerranéen et référées au ciel et à la terre ; et, enfin, aussi la parole sur la bonne nouvelle (*euangélion*). Ces parallélismes ne sont certainement pas fortuits. Luc veut nous dire : ce dont l'empereur Auguste a eu la prétention pour lui est réalisé de façon plus élevée dans le petit enfant, qui est né sans défense et sans pouvoir dans la grotte de Bethléem et dont les hôtes ont été de pauvres bergers.

Reiser souligne avec raison qu'au centre des deux messages se trouve la paix, et qu'en cela la *pax Christi* n'est pas nécessairement en opposition avec la *pax Augusti*. Mais la paix du Christ dépasse la paix d'Auguste comme le ciel domine la terre (p. 460). La comparaison entre les deux genres de paix ne doit donc pas être vue de façon unilatéralement polémique. Auguste, en effet, « a porté pour deux cent cinquante ans une paix, une sécurité juridique et un bien-être, dont aujourd'hui beaucoup de pays de l'ancien Empire romain peuvent seulement rêver » (*ibid.*, p. 458). À la politique sont absolument laissés son propre espace et sa propre responsabilité. Cependant, là où l'empereur se divinise et revendique des qualités divines, la politique dépasse ses propres limites et promet ce qu'elle ne peut accomplir. En réalité, même à l'âge d'or de l'Empire romain, la sécurité juridique, la paix et le bien-être n'étaient jamais hors de danger, ni jamais pleinement réalisés. Il suffit de jeter un regard sur la Terre sainte pour reconnaître les limites de la *pax romana*.

Le Royaume annoncé par Jésus est de caractère différent. Il n'intéresse pas seulement le bassin méditerranéen ni seulement une époque déterminée. Il intéresse l'homme dans la profondeur de son être ; il l'ouvre au vrai Dieu. La paix de Jésus est une paix que le monde ne peut donner (cf. Jn 14, 27). En dernière analyse, il s'agit ici de ce que signifient rédemption, libération et salut. Une chose est évidente : Auguste appartient au passé ; Jésus-Christ au contraire est le présent et il est l'avenir : « le même hier et aujourd'hui et pour les siècles » (Hé 13, 8).

« Et il advint, quand les anges les eurent quittés [...] que les bergers se dirent entre eux : "Allons jusqu'à Bethléem et voyons ce qui est arrivé et que le Seigneur nous a fait connaître." Ils vinrent donc en hâte et trouvèrent Marie, Joseph et le nouveau-né couché dans la mangeoire » (Lc 2, 15 *sq.*). Les bergers se hâtèrent. De manière analogue l'évangéliste avait raconté que Marie, après l'allusion de l'ange à la grossesse de sa parente Élisabeth, se rendit « en hâte » vers la ville de Juda où vivaient Zacharie et Élisabeth (cf. Lc 1, 39). Les bergers se hâtèrent certainement aussi par curiosité humaine, pour voir la grande chose qui leur avait été annoncée. Mais sûrement étaient-ils aussi pleins d'élan à cause de la joie du fait que maintenant était vraiment né le Sauveur, le Messie, le Seigneur, dont tout était en attente et qu'ils avaient pu voir les premiers.

Quels sont les chrétiens qui se hâtent aujourd'hui, quand il s'agit des affaires de Dieu ? Si quelque chose mérite la hâte – veut peut-être encore nous dire tacitement l'évangéliste –, ce sont justement les choses de Dieu.

L'ange avait indiqué comme signe aux bergers qu'ils trouveraient un petit enfant enveloppé de langes et couché dans une mangeoire. Cela est un signe de reconnaissance : une description de ce qu'on pouvait constater avec les yeux. Ce n'est pas un « signe » dans le sens où la gloire de Dieu se sera rendue évidente, si bien qu'on aurait pu dire clairement : celui-ci est le vrai Seigneur du monde. Rien de cela. En ce sens, le signe est en même temps aussi un non-signe : la pauvreté de Dieu est son vrai signe. Mais pour les bergers, qui avaient vu la splendeur de Dieu sur leurs pâturages, ce signe était suffisant. Ils voient de l'intérieur. Ils voient ceci : ce que l'ange a dit est vrai. Ainsi les bergers s'en retournent avec joie. Ils glorifient et louent Dieu pour ce qu'ils ont entendu et vu (cf. Lc 2, 20).

La présentation de Jésus au Temple

———————

L uc conclut le récit de la naissance de Jésus par la relation de ce qui, selon la loi d'Israël, est advenu à Jésus le huitième et le quarantième jour.

Le huitième jour est le jour de la circoncision. Ainsi Jésus est accueilli formellement dans la communauté des promesses héritées d'Abraham ; à présent il appartient aussi juridiquement au peuple d'Israël. Paul fait allusion à ce fait, quand dans la Lettre aux Galates il écrit : « Mais quand vint la plénitude du temps, Dieu envoya son Fils, né d'une femme, né sujet de la Loi, afin de racheter les sujets de la Loi, afin de nous conférer l'adoption filiale » (4, 4 *sq.*). Avec la circoncision, Luc mentionne explicitement l'imposition du nom annoncé, Jésus (« Dieu sauve », cf. 2, 21), de telle façon qu'à partir de la circoncision le regard soit tourné vers l'accomplissement des attentes, qui appartiennent à l'essence même de l'alliance.

Trois événements sont liés au quarantième jour : la « purification » de Marie, le « rachat » du fils premier-né Jésus par un sacrifice prescrit par la Loi et la « présentation » de Jésus au Temple.

Dans tout le récit de l'enfance, comme dans ce passage du texte, il est facile de reconnaître le fondement judéo-chrétien provenant de la tradition de la famille de Jésus. Mais en même temps, on peut reconnaître que celui-ci a été rédigé par une personne qui écrit et pense selon la culture grecque et que l'on doit identifier avec l'évangéliste Luc lui-même. Dans cette rédaction, il apparaît visible que, d'une part, son auteur ne possédait pas une connaissance précise de la législation vétéro-testamentaire et que, d'autre part, son intérêt ne se portait pas sur les détails de celle-ci, mais était davantage dirigé sur le nœud théologique de l'événement qu'il entendait rendre évident à ses lecteurs.

Dans le Livre du Lévitique, il est établi qu'une femme, après l'enfantement d'un garçon, est impure (c'est-à-dire exclue des cérémonies liturgiques) durant sept jours. Le huitième jour l'enfant doit être circoncis, et la femme restera encore trente-trois jours à la maison pour se purifier de son sang (cf. Lv 12, 1-4). Ensuite elle doit offrir un sacrifice de purification, un agneau comme holocauste et une colombe ou une tourterelle pour le péché. Les personnes pauvres doivent donner seulement deux tourterelles ou deux colombes.

Marie offrit le sacrifice des pauvres (cf. Lc 2, 24). Luc, dont l'Évangile tout entier est empreint d'une théologie des pauvres et de la pauvreté, nous fait comprendre ici encore une fois sans aucune équivoque que la famille de Jésus était comptée parmi les pauvres d'Israël ; il nous fait entendre que c'était justement parmi eux que pouvait mûrir l'accomplissement de la promesse. Ici encore nous percevons de nouveau ce que veut dire : « né sujet de la Loi » ; quelle signification a le fait que Jésus dise au Baptiste que toute justice doive être accomplie (cf. Mt 3, 15). Marie n'a pas besoin d'être purifiée après l'enfantement de Jésus : cette naissance apporte la purification du monde. Mais elle obéit à la Loi et contribue ainsi à l'accomplissement des promesses.

Le deuxième événement évoqué est le rachat du premier-né qui est propriété inconditionnelle de Dieu. Le prix du rachat était de cinq sicles et pouvait être acquitté dans tout le pays à n'importe quel prêtre.

Luc cite avant tout explicitement le droit de réserve à l'égard du premier-né : « Tout garçon premier-né sera consacré [c'est-à-dire appartenant] au Seigneur » (2 ; 23 ; cf. Ex 13, 2 ; 13, 12-15).

Cependant, la particularité de son récit consiste en ce qu'ensuite il ne parle plus du rachat de Jésus, mais d'un troisième fait, celui de la remise (« présentation ») de Jésus. À l'évidence il veut dire : cet enfant n'a pas été racheté et n'est pas retourné à la propriété de ses parents, mais tout au contraire il a été remis personnellement à Dieu dans le Temple, totalement donné en propriété à Lui. La parole *paristánai*, ici traduite par « présenter », signifie aussi « offrir », en référence à ce qui se fait avec les sacrifices dans le Temple. Ici transparaît l'élément du sacrifice et du sacerdoce.

Sur l'acte du rachat, prescrit par la Loi, Luc ne dit rien. À sa place, c'est le contraire qui est mis en évidence : la remise de l'Enfant à Dieu, auquel il devra appartenir totalement. Pour aucun des actes mentionnés prescrits par la Loi, il n'était nécessaire de se présenter au Temple. Pour Luc en revanche, cette première introduction de Jésus au Temple, comme lieu de l'événement, est essentielle. Ici, dans le lieu de la rencontre entre Dieu et son peuple, au lieu de l'acte de restitution du premier-né s'effectue l'offrande publique de Jésus à Dieu, son Père.

À cet acte cultuel, au sens le plus profond du terme, succède chez Luc une scène prophétique. Le vieux prophète Siméon et la prophétesse Anne

– poussés par l'Esprit de Dieu – apparaissent dans le Temple et saluent, en tant que représentants de l'Israël croyant, le « Christ du Seigneur » (Lc 2, 26).

Siméon est décrit avec trois qualités : il est juste, il est pieux et il attend la consolation d'Israël. Dans la réflexion sur la figure de saint Joseph, nous avons vu ce qu'était un homme juste : un homme qui vit dans et de la parole de Dieu, qui vit dans la volonté de Dieu, comme elle est exprimée dans la Torah. Siméon est « pieux » – il vit dans une attitude d'intime ouverture à Dieu. Il est intérieurement proche du Temple, il vit dans la rencontre avec Dieu et attend la « consolation d'Israël ». Il vit tendu vers la réalité rédemptrice, vers Celui qui doit venir.

Le mot « consolation » (*paráklēsis*) évoque le terme johannique sur l'Esprit Saint – il est le Paraclet, le Dieu consolateur. Siméon est un homme qui espère et attend, et de cette façon, dès ce moment déjà, « l'Esprit Saint » repose sur lui. Nous pourrions dire que c'est un homme spirituel et par conséquent sensible aux appels de Dieu, à sa présence. Maintenant il parle aussi en prophète. Tout d'abord, il prend l'Enfant Jésus entre ses bras et il bénit Dieu en disant : « Maintenant, Souverain Maître, tu peux, selon ta parole, laisser ton serviteur s'en aller en paix… » (Lc 2, 29).

Le texte, ainsi transmis par Luc, est déjà liturgiquement composé. Dans les Églises d'Orient et d'Occident, depuis les temps anciens, il fait partie de la prière liturgique de la nuit. Avec le *Benedictus* et le *Magnificat*, eux aussi transmis par Luc dans le récit de l'enfance, il appartient au patrimoine de prières de la plus ancienne Église judéo-chrétienne, dans la vie liturgique de laquelle, remplie de l'Esprit, nous pouvons ici pour un instant jeter un regard. Dans le discours adressé à Dieu, l'Enfant Jésus est qualifié par « ton salut ». Résonne ici la parole *sōtēr* (sauveur), que nous avons rencontrée dans le message de l'ange lors de la Nuit sainte.

Dans cet hymne se trouvent deux affirmations christologiques. Jésus est « lumière pour éclairer les nations » et il existe pour la « gloire de ton peuple Israël » (Lc 2, 32). Les deux expressions sont tirées du prophète Isaïe, celle sur la « lumière pour illuminer les nations » vient du premier et du second chant du serviteur de JHWH (cf. Is 42, 6 ; 49, 6). De cette façon, Jésus est reconnu comme le serviteur de JHWH qui, chez le prophète, apparaît comme une figure mystérieuse renvoyant à l'avenir. À l'essence même de sa mission appartient l'universalité, la révélation aux nations, auxquelles le Serviteur apporte la lumière de Dieu. La référence à la gloire d'Israël se trouve dans les paroles de consolation du prophète et elle est adressée à Israël effrayé,

à qui est annoncé un secours par l'intermédiaire de
la puissance salvifique de Dieu (cf. Is 46, 13).

Siméon, avec l'Enfant sur ses bras, après avoir
loué Dieu, s'adresse avec une parole prophétique à
Marie, à laquelle, après les allusions joyeuses en
faveur de l'Enfant, il annonce une sorte de prophétie de la Croix (cf. Lc 2, 34 *sq.*). Jésus « doit
amener la chute et le relèvement d'un grand
nombre en Israël ; il doit être un signe en butte à
la contradiction ». Enfin est réservée à la Mère une
prédiction très personnelle : « Et toi-même, une
épée te transpercera l'âme. » À la théologie de la
gloire est inséparablement liée la théologie de la
Croix. Au serviteur de JHWH appartient la grande
mission d'être le porteur de la lumière de Dieu au
monde. Mais cette mission s'accomplit justement
dans l'obscurité de la Croix.

Derrière la parole sur la chute et la résurrection
d'un grand nombre, il y a une allusion à une prophétie tirée d'Isaïe 8, 14, dans laquelle Dieu lui-
même est présenté comme une pierre sur laquelle
on achoppe et on tombe. Ainsi dans l'oracle sur la
Passion apparaît le lien profond de Jésus avec Dieu
lui-même. Dieu et sa Parole – Jésus, la Parole
vivante de Dieu – sont des « signes » et provoquent
la décision. L'opposition de l'homme à Dieu
imprègne toute l'histoire. Jésus se révèle comme le

signe véritable de Dieu, en prenant sur lui, en attirant à lui l'opposition à Dieu jusqu'à l'opposition de la Croix.

Ici, on ne parle pas du passé. Nous savons tous à quel point le Christ aujourd'hui est signe d'une contradiction qui, en dernière analyse, vise Dieu lui-même. Toujours de nouveau, Dieu lui-même est considéré comme la limite de notre liberté, une limite à éliminer afin que l'homme puisse être totalement lui-même. Dieu, avec sa vérité, s'oppose au mensonge multiple de l'homme, à son égoïsme et à son orgueil.

Dieu est amour. Mais l'amour peut aussi être haï, quand il exige que l'on sorte de soi-même pour aller au-delà de soi. L'amour n'est pas une sensation romantique de bien-être. La rédemption n'est pas *wellness*, un bain d'auto-complaisance, mais une libération de l'être compressé dans son propre moi. Cette libération a pour prix la souffrance de la Croix. La prophétie sur la lumière et la parole sur la Croix vont de pair.

À la fin, cet oracle sur la souffrance, comme nous l'avons vu, devient très concret – une parole adressée directement à Marie : « Et toi-même, une épée te transpercera l'âme » (Lc 2, 35). Nous pouvons supposer que cette phrase a été conservée dans l'antique communauté judéo-chrétienne comme parole tirée des souvenirs personnels de Marie. Là on savait, d'après ce souvenir, quel sens concret devait prendre cette phrase. Mais, avec l'Église croyante et orante, nous aussi nous pouvons le savoir. L'opposition au Fils touche aussi la Mère et brise son cœur. La Croix de la contradiction, devenue radicale, devient pour elle une épée qui lui transperce l'âme. De Marie nous pouvons apprendre la vraie compassion, libre de tout sentimentalisme, dans l'accueil de la souffrance des autres comme souffrance propre.

Chez les Pères de l'Église on considérait l'insensibilité, l'indifférence devant la souffrance des autres, comme typique du paganisme. À cela, la foi chrétienne oppose le Dieu qui souffre avec les hommes et nous attire ainsi à la compassion. La *Mater Dolorosa*, la Mère avec l'épée dans le cœur, est le prototype de ce sentiment de fond de la foi chrétienne.

À côté du prophète Siméon, apparaît la prophétesse Anne, une femme de quatre-vingt-quatre ans qui, après un mariage de sept ans, était restée veuve depuis des décennies. « Elle ne quittait pas le Temple, servant Dieu nuit et jour dans le jeûne et la prière » (Lc 2, 37). Elle est l'image par excellence de la personne vraiment pieuse. Dans le Temple, elle est tout simplement chez elle. Elle vit près de

Dieu et pour Dieu, avec son corps et son âme. De cette façon, elle est vraiment une femme remplie de l'Esprit, une prophétesse. Puisqu'elle vit dans le Temple – dans l'adoration – elle est présente au moment où Jésus arrive. « Survenant à cette heure même, elle louait Dieu et parlait de l'enfant à tous ceux qui attendaient la délivrance de Jérusalem » (Lc 2, 38). Sa prophétie consiste dans son annonce – dans la transmission de l'espérance dont elle vit.

Luc conclut son récit sur la naissance de Jésus, dont faisait partie aussi l'accomplissement de chaque chose selon la Loi (cf. Lc 2, 39), par l'annonce du retour de la Sainte Famille à Nazareth. « L'enfant grandissait, se fortifiait et se remplissait de sagesse. Et la grâce de Dieu était sur lui » (2, 40).

Chapitre 4

Les Mages d'Orient
et la fuite en Égypte

Le cadre historique
et géographique du récit

Peu d'autres récits bibliques ont autant stimulé la fantaisie, mais aussi la recherche et la réflexion, que l'histoire des « Mages » provenant d'« Orient », une histoire que l'évangéliste Matthieu fait succéder immédiatement à la nouvelle de la naissance de Jésus : « Jésus étant né à Bethléem de Judée, au temps du roi Hérode, voici que des mages venus d'Orient arrivèrent à Jérusalem en disant : "Où est le roi des Juifs qui vient de naître ? Nous avons vu, en effet, son astre à son lever et sommes venus lui rendre hommage" » (2, 1 *sq.*).

Nous trouvons ici, en premier lieu, la claire détermination du cadre historique avec le renvoi au roi Hérode et au lieu de naissance, Bethléem. Une personne historique et un lieu géographiquement déterminable sont indiqués. Mais, en même temps, dans ces deux références, des éléments d'interprétation sont également offerts. Rudolf Pesch, dans son petit volume *Die matthäischen Weihnachtsgeschichten* (*Les Récits de Noël selon Matthieu*), a relevé avec force la signification théologique de la figure d'Hérode : « Comme dans l'Évangile de Noël (Lc 2, 1-21) l'empereur romain Auguste est mentionné au commencement, de même le récit de Matthieu 2 commence de manière analogue par la mention du "roi des Juifs", Hérode. Si là l'empereur, par sa prétention relative à la pacification du monde, était aux antipodes de l'enfant qui venait de naître, ici c'est le roi qui l'est, lui qui règne grâce à l'empereur – et cela il le fait avec la prétention presque messianique d'être, au moins pour le royaume juif, le rédempteur » (p. 23 *sq.*).

Bethléem est le lieu de naissance du roi David. Au cours du récit, la signification théologique de ce lieu sera mise en lumière encore plus directement par la réponse que les scribes donneront à la question d'Hérode à propos du lieu où le Messie devait naître. Le fait que, par l'ajout « de Judée », la position géographique de Bethléem soit déterminée plus précisément pourrait peut-être porter en soi aussi une intention théologique. Dans la bénédiction de Jacob, le patriarche dit à son fils Juda de manière prophétique : « Le sceptre ne s'éloignera pas de Juda, ni le bâton de chef d'entre ses pieds, jusqu'à ce que le tribut lui soit apporté et que les peuples lui obéissent » (Gn 49, 10). Dans un récit qui traite de l'arrivée du David définitif, du nouveau-né roi des Juifs qui sauvera tous les peuples, cette prophétie est, en quelque façon, à percevoir en arrière-fond.

Avec la bénédiction de Jacob, il faut aussi lire une parole attribuée dans la Bible au prophète païen Balaam. Balaam est une figure historique pour laquelle existe une confirmation en dehors de la Bible. En 1967, en Transjordanie, a été découverte une inscription dans laquelle Balaam, fils de Béor, paraît comme « voyant » de divinité autochtone – un voyant à qui sont attribuées des annonces de chance et de malchance (cf. Hans Peter Müller, in *LThK³*, vol. 2, col. 457). La Bible l'introduit comme devin au service du roi de Moab, qui lui demande une malédiction contre Israël. Cet acte, que Balaam entend accomplir, est empêché par Dieu lui-même, de sorte qu'au lieu d'une malédiction, le prophète annonce une bénédiction pour Israël. Malgré cela, dans la tradition biblique il est rabaissé comme inducteur à l'idolâtrie et meurt d'une mort considérée comme une peine (cf. Nb 31, 8 ; Jos 13, 22). La promesse de salut qui lui est attribuée à lui, non juif et au service d'autres dieux, reste donc d'autant plus importante, une promesse qui évidemment était connue aussi en dehors d'Israël. « Je le vois – mais non pour maintenant, je l'aperçois – mais non de près : un astre issu de Jacob devient chef, un sceptre se lève, issu d'Israël… » (Nb 24, 17).

Étrangement, Matthieu, qui aime présenter des événements dans la vie et dans l'œuvre de Jésus comme réalisation de Paroles vétérotestamentaires, ne cite pas ce texte qui a un rôle important dans l'histoire de l'interprétation du passage sur les Mages d'Orient. Certes, l'étoile dont parle Balaam n'est pas un astre ; le roi lui-même qui doit venir est l'étoile qui brille sur le monde et détermine ses destinées. Toutefois, le lien entre étoile et royauté pourrait avoir suscité l'idée d'une étoile, qui serait l'étoile de *ce* Roi et renverrait à lui.

Ainsi, on peut certainement supposer que cette prophétie non hébraïque, « païenne », aurait tourné sous quelque forme en dehors du judaïsme et aurait été objet de réflexion pour les personnes en recherche. Nous devrons encore revenir à cette question : comment des personnes, en dehors d'Israël, pourraient justement voir dans le « roi des Juifs » celui qui apporte un salut qui les concernerait.

Qui étaient les « Mages » ?

Maintenant, cependant, il faut tout d'abord se demander : quel genre d'hommes étaient ceux que Matthieu qualifie de « Mages venus d'Orient » ? Le terme « mages » (*mágoi*), dans les sources qui y sont relatives, a une gamme notable de significations, qui vont d'un sens très positif à un sens très négatif.

Le premier des quatre sens principaux entend par le terme « mages » des membres de la caste sacerdotale perse. Dans la culture hellénistique ils étaient considérés comme « représentants d'une religion authentique » ; en même temps, cependant, leurs idées religieuses étaient retenues comme « fortement influencées par la pensée philosophique », de sorte que souvent les philosophes grecs ont été présentés comme leurs disciples (cf. Delling, in *ThWNT*, vol. 4, p. 360). Il y a peut-être dans cette opinion un certain noyau de vérité difficilement définissable ; au fond, Aristote aussi a parlé du travail philosophique des mages (cf. *ibid.*).

Les autres sens mentionnés par Gerhard Delling sont : détenteur et pratiquant d'un savoir et d'un pouvoir surnaturels, comme aussi un magicien ; et, enfin : escroc et séducteur. Dans les Actes des Apôtres nous trouvons cette dernière signification : un magicien du nom de Bar-Jésus est qualifié par Paul de « fils du diable, ennemi de toute justice » (13, 10) et de cette façon mis au pas.

L'ambivalence du terme « mage », que nous trouvons ici, met en lumière l'ambivalence de la dimension religieuse comme telle. La religiosité peut devenir un chemin vers une vraie connaissance, un chemin vers Jésus-Christ. Mais quand, face à la présence du Christ, elle ne s'ouvre pas à lui et se pose contre l'unique Dieu et Sauveur, elle devient démoniaque et destructrice.

Dans le Nouveau Testament nous rencontrons ainsi les deux significations de « mages » : dans le récit de saint Matthieu sur les Mages, la sagesse religieuse et philosophique est clairement une force qui met les hommes en chemin ; c'est la sagesse qui en définitive conduit au Christ. Dans les Actes des Apôtres, en revanche, nous trouvons l'autre type de mage. Celui-ci oppose son pouvoir au message de Jésus-Christ et se met ainsi du côté des démons qui, cependant, désormais ont été vaincus par Jésus.

Pour les Mages en Matthieu 2, c'est évidemment le premier des quatre sens qui vaut – au moins au sens large. Même s'ils n'appartenaient pas exactement à la classe sacerdotale perse, ils étaient toutefois porteurs d'une connaissance religieuse et philosophique, qui s'était développée et était encore présente dans ces milieux.

Naturellement, on a cherché à trouver des classifications encore plus précises. L'astronome viennois Konradin Ferrari d'Occhieppo a montré que dans la ville de Babylone – centre de l'astronomie scientifique à une époque lointaine, mais en déclin au temps de Jésus – continuait à exister « encore un petit groupe d'astronomes désormais en voie d'extinction [...]. Des tables en terre cuite, couvertes d'inscriptions en caractère cunéiformes avec des calculs astronomiques [...] en sont des preuves sûres » (p. 27). La conjonction astrale des planètes Jupiter et Saturne dans le signe zodiacal des Poissons, advenue dans les années 7-6 avant J.-C. – retenu aujourd'hui comme le vrai temps de la naissance de Jésus –, aurait été calculable pour les astronomes babyloniens et leur aurait indiqué la terre de Juda et un nouveau-né « roi des Juifs ».

Nous reviendrons plus loin sur la question de l'étoile. Pour le moment nous voulons nous arrêter à la question de savoir quel genre d'hommes furent ceux qui se mirent en chemin vers le roi. Ils étaient peut-être astronomes ; mais l'idée d'un roi en Juda, qui avait aussi de l'importance pour eux, ne vint pas à tous ceux qui étaient en mesure de calculer la conjonction des planètes et qui voyaient l'étoile. Pour que celle-ci puisse devenir un message, un oracle du type du message de Balaam devait avoir circulé. De Tacite à Suétone nous savons qu'en ce temps-là circulaient des attentes selon lesquelles de Juda serait sorti le dominateur du monde – une attente que Flavius Josèphe interpréta en indiquant ici Vespasien, avec pour conséquence qu'il entra dans ses faveurs (cf. *De bello Iud.* III, 399-408).

Divers facteurs pouvaient concourir pour faire percevoir dans le langage de l'étoile un message d'espérance. Mais tout cela pouvait mettre en chemin seulement un homme ayant une certaine inquiétude intérieure, un homme d'espérance, à la recherche de la véritable Étoile du salut. Les hommes dont parle Matthieu n'étaient pas seulement des astronomes. Ils étaient des « savants », ils représentaient la dynamique de l'aller au-delà de soi, intrinsèque aux religions – une dynamique qui est recherche de la vérité, recherche du vrai Dieu et donc aussi une philosophie dans le sens originaire du mot. Ainsi la sagesse assainit également le message de la « science » : la rationalité de ce message ne s'arrêtait pas au seul savoir, mais cherchait la compréhension du tout, portant ainsi la raison à ses possibilités les plus élevées.

Selon tout ce qui a été dit, nous pouvons nous faire une certaine idée de ce que furent les convictions et les connaissances qui portèrent ces hommes à se mettre en route vers le nouveau-né « roi des Juifs ». Nous pouvons dire avec raison qu'ils représentaient le chemin des religions vers le Christ comme aussi l'autodépassement de la science en vue de lui. Ils se trouvent en quelque sorte à la suite d'Abraham qui, à l'appel de Dieu, partit. D'une autre manière, ils se trouvent à la suite de Socrate et de son interrogation, au-delà de la religion officielle, à propos de la plus grande vérité. En ce sens, ces hommes sont des prédécesseurs, des précurseurs, des chercheurs de la vérité, qui concernent tous les temps.

Comme la tradition de l'Église a lu tout naturellement le récit de Noël sur l'arrière-fond d'Isaïe 1, 3 et que, de cette façon, le bœuf et l'âne sont arrivés à la crèche, de même a-t-elle lu le récit sur les Mages à la lumière du Psaume 72, 10 et d'Isaïe 60.

Ainsi, les savants provenant d'Orient sont devenus rois, et avec eux les chameaux et les dromadaires sont entrés dans la crèche.

Si la promesse contenue dans ces textes étend la provenance de ces hommes jusqu'à l'extrême Occident (Tarsis = Tartessos en Espagne), la tradition a développé ultérieurement l'universalité des royaumes de ces souverains annoncée par là, les interprétant comme rois des trois continents connus alors : Afrique, Asie, Europe. Le roi de couleur noire en fait partie en permanence : dans le royaume de Jésus-Christ il n'y a pas de distinction de races ni de provenance. En lui et par lui, l'humanité est unie, sans perdre la richesse de la variété.

Plus tard les trois âges de la vie de l'homme ont encore été mis en relation avec les trois rois : la jeunesse, l'âge mûr et la vieillesse. C'est aussi une idée légitime, qui fait voir que les diverses formes de la vie humaine trouvent leur signification respective et leur unité intérieure dans la communion avec Jésus.

Reste l'idée décisive : les savants de l'Orient sont un commencement, ils représentent la mise en route de l'humanité vers le Christ, ils inaugurent une procession qui parcourt l'histoire tout entière. Ils ne représentent pas seulement les personnes qui

ont trouvé le chemin jusqu'au Christ. Ils représentent l'attente intérieure de l'esprit humain, le
mouvement des religions et de la raison humaine
à la rencontre du Christ.

L'étoile

———————

Maintenant, cependant, il nous faut encore revenir à l'étoile qui, selon le récit de saint Matthieu, a poussé les Mages à se mettre en chemin. Quel type d'étoile était-ce ? A-t-elle vraiment existé ?

Des exégètes qui font autorité, comme par exemple Rudolf Pesch, pensent que cette question a peu de sens. Il s'agirait d'un récit théologique, qu'on ne devrait pas mêler à l'astronomie. Dans l'Église antique, saint Jean Chrysostome avait développé une position semblable : « Pour juger que cette étoile n'était pas une étoile ordinaire, ni même une étoile, mais une vertu invisible, qui se cachait sous cette forme extérieure, il ne faut que considérer quel était son cours et son mouvement. Il n'y a pas un astre, pas un seul, qui suive la même direction que celui-ci » (in *Matth. hom.* VI 2 : *PG* 57, 64). L'aspect extraordinaire de l'étoile est souligné dans une grande partie de la tradition de l'Église – ainsi déjà chez Ignace d'Antioche (vers 100 apr. J.-C.), qui voit le soleil et la lune exécuter une ronde autour de l'étoile ; de même dans l'hymne antique du Bréviaire romain pour l'Épiphanie, selon lequel l'étoile aurait surpassé le soleil en beauté et en luminosité.

Malgré cela, on ne pouvait pas ne pas poser la question de savoir si, toutefois, il ne s'agissait pas d'un phénomène céleste déterminable et classifiable astronomiquement. Il serait erroné de refuser *a priori* une semblable question en renvoyant au caractère théologique du récit. Avec le surgissement de l'astronomie moderne, développée même par des croyants chrétiens, la question concernant cet astre a aussi été posée à nouveau.

Johannes Kepler (mort en 1630) a avancé une solution qui substantiellement est à nouveau posée par des astronomes d'aujourd'hui. Kepler a calculé que, à cheval entre les années 7 et 6 avant J.-C. – qui, comme on l'a déjà dit, est considéré aujourd'hui comme l'année vraisemblable de la naissance de Jésus –, s'est produite une conjonction des planètes Jupiter, Saturne et Mars. En 1604, lui-même avait noté une conjonction semblable, à laquelle s'était encore ajoutée une *supernova*. Par ce terme on indique une étoile faible ou très lointaine sur laquelle a lieu une énorme explosion, de sorte que pendant des semaines et des mois elle développe une intense luminosité. Kepler considérait la *supernova* comme une nouvelle étoile. Il pensait qu'à la conjonction advenue au temps de Jésus une *supernova* devait aussi être reliée ; il tenta ainsi d'expliquer astronomiquement le phénomène de l'étoile très lumineuse de Bethléem. Il peut être intéressant, dans ce contexte, que le chercheur Friedrich Wieseler de Göttingen semble avoir trouvé, sur des tables chronologiques chinoises, qu'en l'an 4 avant J.-C. « une étoile lumineuse était apparue et avait été vue durant un temps prolongé » (Gnilka, p. 44).

L'astronome déjà cité Ferrari d'Occhieppo mettait *ad acta* la théorie de la *supernova*. Selon lui, pour l'explication de l'étoile de Bethléem, la conjonction de Jupiter et de Saturne dans le signe zodiacal des Poissons suffisait, et de cette conjonction il pensait pouvoir déterminer précisément la date. À ce sujet, le fait que la planète Jupiter représentait le principal dieu babylonien Mardouk est important. Ferrari d'Occhieppo résume ainsi : « Jupiter, l'étoile de la plus haute divinité babylonienne, apparaissait dans sa plus grande splendeur au temps de son lever nocturne à côté de Saturne, le représentant cosmique du peuple des Juifs » (p. 52). Laissons de côté les détails. De cette rencontre de planètes – affirme

Ferrari d'Occhieppo – les astronomes babyloniens pouvaient déduire un événement d'importance universelle, la naissance dans le pays de Juda d'un souverain qui aurait apporté le salut.

Que pouvons-nous dire face à tout cela ? La grande conjonction de Jupiter et de Saturne dans le signe zodiacal des Poissons en 7-6 avant J.-C. semble être un fait vérifié. Elle pouvait orienter des astronomes du milieu culturel babylonien et perse vers le pays de Juda, vers un « roi des Juifs ». En détail, comment ces hommes sont arrivés à la certitude qui les fit partir et finalement les a conduits à Jérusalem et à Bethléem, c'est une question que nous devons laisser ouverte. La constellation stellaire pouvait être une impulsion, un premier signal pour le départ extérieur et intérieur ; mais elle n'aurait pas pu parler à ces hommes s'ils n'avaient pas été touchés aussi d'une autre façon : touchés intérieurement par l'espérance de cette étoile qui devait surgir de Jacob (cf. Nb 24, 17).

Si les Mages qui, guidés par l'étoile, étaient à la recherche du roi des Juifs représentent le mouvement des peuples vers le Christ, cela signifie implicitement que le cosmos parle du Christ et que, cependant, pour l'homme dans ses conditions réelles, son langage n'est pas pleinement déchiffrable. Le langage de la création offre de multiples indications. Il suscite dans l'homme l'intuition du Créateur. Il suscite, en outre, l'attente, ou plutôt l'espérance que ce Dieu se manifestera un jour. Et il suscite en même temps la conscience que l'homme peut et doit aller à sa rencontre. Mais la connaissance qui jaillit de la création et se concrétise dans les religions peut aussi perdre l'orientation juste, au point de ne plus pousser l'homme à se mouvoir pour aller au-delà de lui-même, mais de le pousser à se fixer dans des systèmes avec lesquels il croit pouvoir affronter les puissances cachées du monde.

Dans notre récit les deux possibilités se présentent : l'étoile conduit les Mages d'abord seulement jusqu'en Judée. Il est tout à fait normal qu'à la recherche du roi des Juifs nouveau-né ils aillent dans la cité royale d'Israël et entrent au palais du roi. Le futur roi devait probablement y être né. Pour trouver définitivement la route vers le véritable héritier de David, ils ont ensuite besoin de l'indication des Écritures sacrées d'Israël, des paroles du Dieu vivant.

Les Pères ont souligné encore un autre aspect. Grégoire de Nazianze dit que, au moment même où les Mages se prosternent devant Jésus, la fin de l'astrologie serait arrivée, parce que à partir de ce moment les étoiles auraient tourné dans l'orbite indiquée par le Christ (*Poem. Dogm.* V, 55.64 : *PG* 37, 428-429). Dans le monde antique, les corps célestes étaient regardés comme des puissances divines qui décidaient du destin des hommes. Les planètes portent des noms de divinité. Selon l'opinion d'alors, elles dominaient en quelque sorte le monde, et l'homme devait chercher à trouver un compromis avec ces puissances. La foi dans le Dieu unique, témoignée par la Bible, a bien vite opéré ici une démythisation, quand le récit de la création, avec une magnifique sobriété, appelle le soleil et la lune – les grandes divinités du monde païen –, « lampes » que Dieu, avec toute la troupe des étoiles, suspend à la voûte céleste (cf. Gn 1, 16 *sq.*).

Entrant dans le monde païen, la foi chrétienne devait de nouveau affronter la question des divinités astrales. C'est pourquoi, dans les lettres de prison aux Éphésiens et aux Colossiens, Paul a fortement insisté sur le fait que le Christ ressuscité a vaincu toute Principauté et Puissance de l'air et domine tout l'univers. Le récit de l'étoile des Mages se situe aussi dans cette ligne : ce n'est pas l'étoile qui détermine le destin de l'Enfant, mais c'est l'Enfant qui guide l'étoile. On peut parler si l'on veut d'une espèce de tournant anthropologique : l'homme adopté par Dieu – comme on le voit ici dans le Fils unique – est plus grand que toutes les puissances du monde matériel et plus encore que l'univers tout entier.

Étape intermédiaire à Jérusalem

Il est temps de revenir au texte de l'Évangile. Les Mages sont arrivés au lieu présumé de la prédiction, au palais royal à Jérusalem. Ils s'informent sur le nouveau-né « roi des Juifs ». C'est une expression typiquement « non hébraïque ». Dans le milieu hébraïque on aurait parlé du roi d'Israël. De fait, ce terme « païen » de « roi des Juifs » revient seulement dans le procès à Jésus et dans l'inscription sur la Croix, utilisé deux fois par le païen Pilate (cf. Mc 15, 9 ; Jn 19, 19-22). On peut donc dire qu'ici – au moment où les premiers païens s'informent sur Jésus – transparaît déjà de quelque façon le mystère de la Croix qui est indissolublement lié à la royauté de Jésus.

Celui-ci s'annonce assez clairement dans la réaction à la demande des Mages à propos du roi nouveau-né : « Le roi Hérode s'émut, et tout Jérusalem avec lui » (Mt 2, 3). Les exégètes font noter que, certainement, le trouble d'Hérode était très compréhensible face à la nouvelle de la naissance d'un mystérieux prétendant au trône. En revanche, il serait moins compréhensible qu'à ce moment, pour ce motif, tout Jérusalem ait pu être troublée. Cela serait peut-être plutôt une allusion anticipée à l'entrée triomphale de Jésus dans la ville sainte à la veille de sa Passion, entrée à propos de laquelle Matthieu dit que « toute la ville fut agitée » (21, 10). Quoi qu'il en soit, de cette façon les deux scènes dans lesquelles, en quelque manière, apparaît la royauté de Jésus, sont liées l'une à l'autre, et en même temps elles sont reliées à la thématique de la Passion.

Il me semble que la nouvelle du trouble de la ville a aussi un sens en ce qui concerne le moment de la visite des Mages. Pour clarifier la question, extrêmement dangereuse pour Hérode, à propos du prétendant au trône, il convoque « tous les grands prêtres avec les scribes du peuple » (Mt 2, 4). Une telle réunion et son « pourquoi » ne pouvaient pas demeurer secrets. La présumée ou réelle naissance d'un roi messianique ne pouvait apporter avec elle que contrariété et malheur pour les Hiérosolymitains. En effet, ils connaissaient bien Hérode. Ce qui dans la grande perspective de la foi est une étoile d'espérance, dans la perspective de la vie quotidienne est, dans un premier temps,

146

seulement une cause d'ennui, un motif de préoccupation et de peur. En effet : Dieu dérange notre confortable quotidien. La royauté de Jésus et sa Passion vont ensemble.

Quelle réponse a donnée l'illustre réunion à la question concernant le lieu de naissance de Jésus ? Selon Matthieu 2, 6, elle a répondu par une sentence, composée de paroles du prophète Michée et du Second Livre de Samuel : « Et toi Bethléem, terre de Juda, tu n'es nullement le moindre des clans de Juda ; car de toi sortira un chef [cf. Mi 5, 1] qui sera pasteur de mon peuple Israël [cf. 2 S 5, 2]. »

Citant les paroles en question, Matthieu a introduit deux nuances différentes. Alors que la majeure partie de la tradition du texte, et en particulier la traduction grecque des Septante, dit : « [Tu es] le plus petit parmi les clans de Juda », il écrit : « Tu n'es nullement le moindre des clans de Juda. » Les deux versions du texte font comprendre – l'une de façon différente de l'autre – le paradoxe de l'action de Dieu, qui envahit tout l'Ancien Testament : ce qui est grand naît de ce qui semble petit et insignifiant selon les critères du monde, alors que ce qui est grand, aux yeux du monde, se brise et disparaît.

Il en a été ainsi, par exemple, dans l'histoire de l'appel de David. Le plus jeune des fils de Jessé, qui en ce moment paît les brebis, doit être appelé et oint roi : ce n'est pas l'aspect et la haute stature qui comptent, mais le cœur (cf. 1 S 16, 7). Une parole de Marie dans le *Magnificat* résume ce paradoxe persistant de l'action de Dieu : « Il a renversé les potentats de leurs trônes et élevé les humbles » (Lc 1, 52). La version vétérotestamentaire du texte, dans laquelle Bethléem est qualifiée de petit parmi les clans de Juda, met clairement en lumière cette manière de l'agir divin.

En revanche, quand Matthieu écrit : « Tu n'es nullement le moindre des clans de Juda », il n'a éliminé qu'apparemment ce paradoxe. La petite ville, considérée en soi insignifiante, se rend maintenant reconnaissable dans sa vraie grandeur. Le vrai pasteur d'Israël sortira d'elle : dans cette version du texte apparaissent ensemble l'évaluation humaine et la réponse de Dieu. Avec la naissance de Jésus dans la grotte en dehors de la ville, le paradoxe se confirme ultérieurement.

Par là nous sommes arrivés à la deuxième nuance : Matthieu a ajouté à la parole du prophète cette affirmation déjà mentionnée du Second Livre de Samuel (cf. 5, 2), qui là se réfère au nouveau roi David et qui maintenant rejoint sa pleine réalisation en Jésus. Le futur prince est qualifié de Pasteur d'Israël. Ainsi est faite une allusion à la sollicitude aimante et à la tendresse, qui caractérisent le vrai souverain en tant que représentant de la royauté de Dieu.

Les Mages d'Orient et la fuite en Égypte

La réponse des chefs des prêtres et des scribes à la question des Mages a certainement un contenu géographique concret, qui pour les Mages est utile. Toutefois, elle n'est pas seulement une indication géographique, mais c'est aussi une interprétation théologique du lieu et de l'événement. Qu'Hérode en tire ses conséquences est compréhensible. En revanche, le fait que les connaisseurs de l'Écriture sacrée ne se sentent pas poussés à prendre des décisions concrètes à la suite est surprenant. Peut-être doit-on repérer ici en cela l'image d'une théologie qui s'épuise dans la dispute académique ?

L'adoration des Mages devant Jésus

À Jérusalem, l'Étoile était clairement à son déclin. Après la rencontre des Mages avec la parole de l'Écriture, l'étoile resplendit à nouveau pour eux. La création interprétée par l'Écriture recommence à parler à l'homme. Matthieu recourt aux superlatifs pour décrire la réaction des Mages : « À la vue de l'astre, ils se réjouirent d'une très grande joie » (2, 10). C'est la joie de l'homme qui est touché dans son cœur par la lumière de Dieu et qui peut voir que son espérance se réalise – la joie de celui qui a trouvé et qui a été trouvé.

« Entrant alors dans le logis, ils virent l'enfant avec Marie sa mère, et, se prosternant, ils lui rendirent hommage » (Mt 2, 11). Dans cette phrase il est frappant que saint Joseph manque, alors que Matthieu a écrit le récit de l'enfance de son point de vue. Durant l'adoration, nous rencontrons à côté de Jésus seulement « Marie sa mère ». Je n'ai pas trouvé jusqu'à maintenant une explication pleinement convaincante de cela. Il existe l'un ou l'autre passage vétérotestamentaire dans lequel une importance particulière est attribuée à la mère du roi (par ex. Jr 13, 18). Mais cela n'est sans doute pas suffisant. Gnilka a probablement raison quand il dit que Matthieu rappelle par là à la mémoire que Jésus est né de la Vierge et qualifie Jésus de Fils de Dieu (p. 40).

Devant l'Enfant royal, les Mages pratiquent la *proskýnesis*, c'est-à-dire se prosternent devant lui. C'est l'hommage qu'on rend à un Roi-Dieu. À partir de là s'expliquent ensuite les dons qu'offrent les Mages. Ce ne sont pas des cadeaux pratiques, qui à ce moment-là auraient peut-être été utiles pour la Sainte Famille. Les dons expriment la même chose que la *proskýnesis* : ils sont une reconnaissance de la dignité royale de celui auquel ils sont offerts. Or et encens sont mentionnés aussi en Isaïe 60, 6, comme des dons d'hommage, qui sont offerts au Dieu d'Israël de la part des peuples.

Dans les trois dons, la tradition de l'Église a vu représentés – avec quelques variantes – trois aspects du mystère du Christ : l'or renverrait à la royauté du Christ, l'encens au Fils de Dieu et la myrrhe au mystère de sa Passion.

En effet, dans l'Évangile de Jean la myrrhe apparaît après la mort de Jésus : l'évangéliste nous raconte que, pour l'onction du corps de Jésus, Nicodème s'était aussi procuré entre autres la myrrhe (cf. 19, 39). Ainsi, par la myrrhe, le mystère de la Croix est de nouveau relié à la royauté de Jésus et est annoncé à l'avance de façon mystérieuse dans l'adoration des Mages. L'onction est une tentative de s'opposer à la mort qui atteint seulement son caractère définitif dans la corruption. Quand, au matin du premier jour de la semaine, les femmes se rendent au tombeau pour effectuer l'onction qu'à cause du commencement immédiat de la fête il n'avait pas été possible d'exécuter le soir après la crucifixion, Jésus était désormais ressuscité : il n'avait plus besoin de la myrrhe comme moyen contre la mort, parce que la vie même de Dieu avait vaincu la mort.

La fuite en Égypte et le retour
dans la Terre d'Israël

———————◆———————

Après la fin du récit des Mages entre en scène comme protagoniste de l'événement saint Joseph qui, cependant, n'agit pas de sa propre initiative, mais selon les ordres qu'il reçoit de nouveau en songe de l'ange de Dieu. Il est chargé de se lever rapidement, de prendre l'enfant et sa mère, de fuir en Égypte et de demeurer là-bas jusqu'à nouvel ordre ; « car Hérode va rechercher l'enfant pour le faire périr » (Mt 2, 13).

En 7 avant J.-C., Hérode avait fait exécuter ses fils Alexandre et Aristobule, parce qu'il sentait son propre pouvoir menacé par eux. En 4 avant J.-C. il avait aussi éliminé pour le même motif son fils Antipater (cf. Stuhlmacher, p. 85). Il raisonnait exclusivement selon les catégories du pouvoir. La nouvelle d'un prétendant au trône, apprise par les Mages, devait l'alarmer. Vu son caractère, il était clair qu'aucun scrupule n'aurait pu l'arrêter.

« Alors Hérode, voyant qu'il avait été joué par les mages, fut pris d'une violente fureur et envoya mettre à mort, dans Bethléem et tout son territoire, tous les enfants de moins de deux ans, d'après le temps qu'il s'était fait préciser par les mages » (Mt 2, 16). Il est vrai que nous ne savons rien sur cet événement selon des sources non bibliques, mais, considérant toutes les cruautés dont Hérode s'est rendu coupable, cela ne démontre pas que ce forfait ne se soit produit. À ce sujet, Rudolf Pesch cite l'auteur juif Abraham Schalit : « La croyance dans l'arrivée ou dans la naissance, dans l'avenir immédiat, du roi messianique était alors dans l'air. Le despote suspicieux percevait partout trahison et hostilité, et une vague rumeur, arrivée à son oreille, pouvait facilement avoir suggéré à son esprit malade l'idée de tuer les enfants nés dans la dernière période. L'ordre n'a donc rien d'impossible » (Pesch, p. 72).

Cependant, la réalité historique de l'événement est mise en doute par un certain nombre d'exégètes selon une autre considération : il s'agirait ici du motif, largement répandu, de l'enfant royal persécuté, un motif qui, appliqué à Moïse dans la littérature de cette époque, aurait trouvé une forme qu'on pourrait retenir comme le modèle pour ce récit sur Jésus. Toutefois, dans la majorité des cas, les textes cités ne convainquent pas, et en outre ils proviennent surtout d'une époque postérieure à l'Évangile de Matthieu. Le récit temporellement et matériellement le plus proche est la *haggadah* de Moïse, transmise par Flavius Josèphe, un récit qui donne un nouveau tournant à la véritable histoire de la naissance et du sauvetage de Moïse.

Le Livre de l'Exode rapporte que le pharaon, face à l'augmentation numérique et à l'importance croissante de la population hébraïque, craint une menace pour son pays, l'Égypte, et pour cela non seulement terrorise la minorité hébraïque par des travaux forcés, mais donne aussi l'ordre de tuer les nouveau-nés de sexe masculin. Grâce à un stratagème de sa mère, Moïse est sauvé et grandit à la cour du roi d'Égypte comme fils adoptif de la fille de pharaon ; plus tard, cependant, il doit fuir en raison de son engagement pour la population hébraïque tourmentée (cf. Ex 2).

La *haggadah* de Moïse raconte l'histoire de façon différente : des experts de l'Écriture avaient prédit au roi qu'à cette époque aurait dû naître d'origine hébraïque un enfant qui, une fois adulte, aurait détruit la domination égyptienne et au contraire rendu les Israélites puissants. Suite à cela, le roi aurait ordonné de jeter dans le fleuve et de tuer tous les enfants hébreux aussitôt après leur naissance. Cependant, Dieu serait apparu en songe au père de Moïse et aurait promis de sauver l'enfant (cf. Gnilka, p. 34 *sq.*). À la différence de la raison invoquée dans le Livre de l'Exode, ici les enfants hébreux doivent être tués pour éliminer sûrement celui qui était annoncé : Moïse.

Ce but, comme aussi l'apparition qui promet au père, en songe, le sauvetage, situe le récit proche de celui sur Jésus, Hérode et les enfants innocents tués. Mais ces analogies ne suffisent pas à faire apparaître le récit de saint Matthieu comme une simple variante chrétienne de la *haggadah* de Moïse. Les différences entre les deux récits sont trop grandes pour justifier une semblable association. Du reste, les *Antiquitates* de Flavius Josèphe sont à placer dans le temps, avec beaucoup de probabilité, *après* l'Évangile de Matthieu, même si le récit comme tel semble témoigner d'une tradition plus ancienne.

Dans une perspective tout à fait différente, cependant, Matthieu a bien repris l'histoire de Moïse, pour trouver, à partir d'elle, l'interprétation de tout l'événement. Il voit la clé pour la compréhension dans la parole du prophète : « D'Égypte, j'appelai mon fils » (Os 11, 1). Osée raconte l'histoire d'Israël comme une histoire d'amour entre Dieu et son peuple. Toutefois, l'attention prévenante de Dieu envers Israël n'est pas illustrée ici par l'image de l'amour sponsal, mais par celle de l'amour des parents. « Pour cela, Israël reçoit aussi le titre de "fils" [...] dans le sens d'une filiation d'adoption. L'acte fondamental de l'amour paternel est la libération du fils de l'Égypte » (Deissler, *Zwölf Propheten*, p. 50). Pour Matthieu, le prophète parle ici du Christ : c'est lui le *vrai* Fils. C'est lui que le Père aime et qu'il appelle d'Égypte.

Pour l'évangéliste, l'histoire d'Israël recommence depuis le début et d'une façon nouvelle avec le retour de Jésus d'Égypte vers la Terre sainte. Certes, le premier appel au retour du pays de l'esclavage, sous de nombreux aspects, avait échoué. Chez Osée, la réponse à l'appel du Père est un éloignement de la part de ceux qui sont appelés. « Plus on les appelait, plus ils s'écartaient » (11, 2). Cet éloignement face à l'appel à la libération conduit à un nouvel esclavage : « Il reviendra au pays d'Égypte, [...] Assur sera son roi. Puisqu'il a refusé de revenir à moi » (11, 5). Israël, pour ainsi dire, continue à être encore et toujours de nouveau en Égypte.

Avec la fuite en Égypte et avec son retour en Terre promise, Jésus donne l'exode définitif. Il est vraiment le Fils. Il ne s'en ira pas pour s'éloigner du Père. Il revient à la maison et conduit à la maison. Il est toujours en chemin vers Dieu et par là il conduit de l'aliénation à la « patrie », à ce qui est essentiel et propre. Jésus, le vrai Fils, en un sens très profond, est allé lui-même en « exil », pour nous ramener tous de l'aliénation vers la maison.

Le bref récit sur le massacre des innocents, qui suit celui sur la fuite en Égypte, Matthieu le conclut de nouveau par une parole prophétique, cette fois tirée du Livre du prophète Jérémie : « À Rama, une voix se fait entendre, une plainte amère ; c'est Rachel qui pleure ses fils. Elle ne veut pas être consolée pour ses fils, car ils ne sont plus » (Jr 31, 15 ; Mt 2, 18). En Jérémie ces paroles sont dans le contexte d'une prophétie caractérisée par l'espérance et par la joie, où le prophète, par des paroles pleines de confiance, annonce la restauration d'Israël : « Celui qui dispersa Israël le rassemble, il le garde comme un pasteur son troupeau. Car le Seigneur a racheté Jacob, il l'a délivré de la main d'un plus fort » (Jr 31, 10 *sq.*).

Le chapitre tout entier appartient probablement à la première période de l'œuvre de Jérémie, quand, d'une part, le déclin du royaume assyrien et, de l'autre, la réforme cultuelle du roi Josias raniment l'espérance d'un rétablissement du royaume du Nord, Israël, qui avait reçu une forte empreinte des tribus de Joseph et de Benjamin, les fils de Rachel. Chez Jérémie, cependant, à la plainte de l'ancêtre succède aussitôt une parole de consolation :

« Ainsi parle le Seigneur. Cesse ta plainte, sèche tes yeux ! Car il est une compensation pour ta peine : – oracle du Seigneur – ils vont revenir du pays ennemi… » (31, 16).

Chez Matthieu nous trouvons deux modifications par rapport au prophète : au temps de Jérémie, le tombeau de Rachel était localisé près de la frontière benjaminite-éphraïmite, c'est-à-dire près de la frontière vers le royaume du Nord, vers la région des tribus des fils de Rachel – du reste près du pays d'origine du prophète. À l'époque vétéro-testamentaire encore, la localisation du tombeau s'était déplacée vers le sud, dans la région de Bethléem, et c'est là qu'il se trouvait aussi pour Matthieu.

La seconde modification consiste dans le fait que l'évangéliste omet la prophétie consolante du retour ; demeure seulement la lamentation. La mère continue à se sentir désolée. Ainsi, chez Matthieu, la parole du prophète – la lamentation de la mère sans la réponse consolatrice – est comme un cri vers Dieu lui-même, auquel, en effet, seul Dieu lui-même peut répondre, puisque l'unique vraie consolation, qui est plus que les seules paroles, serait la résurrection. C'est seulement dans la résurrection que serait dépassée l'injustice, révoquée la parole amère : « Ils ne sont plus. » À notre époque, le cri des mères vers Dieu demeure actuel, mais en même temps la Résurrection de Jésus nous raffermit dans l'espérance de la vraie consolation.

Le dernier passage du récit de l'enfance selon Matthieu se conclut de nouveau par une citation d'accomplissement qui doit ouvrir le sens de l'événement tout entier. Encore une fois la figure de saint Joseph apparaît avec grande importance. Deux fois il reçoit un ordre en songe et, de cette façon, il apparaît de nouveau comme celui qui écoute et qui est capable de discernement, comme celui qui est obéissant et, en même temps, résolu et judicieusement opérant. Il lui est d'abord dit qu'Hérode est mort et donc que pour lui et pour les siens l'heure du retour est arrivée. Ce retour est présenté avec une certaine solennité : « Il rentra dans la terre d'Israël » (2, 21).

Mais aussitôt, il se voit également confronté à la situation tragique d'Israël en ce moment historique : il vient à savoir qu'Archélaüs, le plus cruel des fils d'Hérode, règne en Judée. Ce ne peut donc être là – c'est-à-dire à Bethléem – le lieu de résidence de la famille de Jésus. Maintenant Joseph reçoit en songe l'indication d'aller en Galilée.

Le fait que Joseph, après s'être aperçu des problèmes en Juda, n'ait pas continué simplement de sa propre initiative son voyage jusqu'en Galilée, qui était sous le gouvernement moins cruel d'Antipas, mais y a été envoyé par l'ange, a pour but de montrer que la provenance de Jésus de Galilée concorde avec la conduite divine de l'histoire. Durant l'activité publique de Jésus, l'allusion à sa provenance de Galilée était toujours considérée comme une preuve du fait qu'il ne pouvait pas être le Messie promis. Matthieu, de manière presque imperceptible, s'oppose déjà ici à cette argumentation. Il reprend ensuite le thème au commencement de l'activité publique de Jésus et démontre sur la base d'Isaïe 8, 23-9, 2 que justement là aurait surgi la « grande lumière », là où se trouve la « terre des ténèbres » – dans le royaume du Nord d'autrefois, dans la « terre de Zabulon et de Nephtali » (cf. Mt 4, 14-16).

Cependant, Matthieu a affaire à une objection encore plus concrète, c'est-à-dire celle que sur le pays de Nazareth il n'y avait aucune prophétie : le Sauveur ne pouvait certainement pas venir de là (cf. Jn 1, 46). À cela l'évangéliste réplique : « Joseph [...] vint s'établir dans une ville appelée Nazareth ; pour que s'accomplît l'oracle des prophètes : "Il sera appelé Nazôréen" » (2, 23). Il entend dire par là : la qualification de Jésus comme Nazôréen – qualificatif qui dérive de sa provenance et au moment de la rédaction de l'Évangile désormais un fait historique – démontre qu'il est l'héritier de la promesse. Contrairement aux précédentes citations de prophéties, Matthieu ne se réfère pas ici à une parole déterminée de l'Écriture, mais aux prophètes dans leur ensemble. Leur espérance est résumée dans ce surnom de Jésus.

Par là, Matthieu a laissé aux exégètes de tous les temps un problème difficile : où cette parole d'espérance trouve-t-elle un fondement chez les prophètes ?

Avant de nous arrêter à cette question, quelques observations de type linguistique pourraient être utiles. Le Nouveau Testament connaît pour Jésus les deux qualificatifs de « Nazôréen » et de « Nazaréen ». Nazôréen est utilisé chez Matthieu, chez Jean et dans les Actes des Apôtres ; Marc emploie Nazaréen ; Luc utilise les deux formes. Dans le monde de langue sémitique, les disciples de Jésus s'appellent Nazôréens, dans le monde gréco-romain ils sont appelés chrétiens (cf. Ac 11, 26). Mais maintenant nous devons nous demander très concrètement : existe-t-il dans l'Ancien Testament la trace d'une prophétie qui conduise au mot « Nazôréen » et qui puisse être appliquée à Jésus ?

Ansgar Wucherpfennig a soigneusement résumé la difficile discussion exégétique dans sa monographie sur saint Joseph. Je voudrais essayer d'en choisir seulement les points les plus importants. Deux lignes principales existent pour une solution.

La première renvoie à la promesse de la naissance du juge Samson. L'ange qui annonce sa naissance dit de lui qu'il serait un « nazir », consacré à Dieu depuis le sein maternel, et cela – comme le rapporte sa mère – « jusqu'au jour de sa mort » (Jg 13, 5-7). Contre cette déduction du qualificatif de Jésus comme « nazir » parle le fait qu'il n'a pas correspondu aux critères du nazir, mentionnés dans le Livre des Juges, en particulier à celui de l'interdit de l'alcool. Il n'a pas été un « nazir » dans le sens classique du mot. Ce qualificatif, cependant, vaut pour lui, qui était totalement consacré à Dieu, remis en propriété à Dieu, depuis le sein maternel jusqu'à sa mort d'une façon qui dépasse de loin l'apparence du genre. Si nous revenons à ce que Luc dit sur la présentation-consécration de Jésus, le « premier-né », à Dieu dans le Temple, ou si nous nous souvenons comment l'évangéliste Jean présente Jésus comme celui qui vient totalement du Père, vit de lui et est orienté vers lui, alors se rend visible avec une extraordinaire intensité comment Jésus a été vraiment un consacré à Dieu, du sein maternel jusqu'à la mort en croix.

La seconde ligne d'interprétation part du fait que, dans le nom nazôréen, on peut aussi entendre évoqué le mot *nezer* qui est au centre d'Isaïe 11, 1 : « Un rejeton (*nezer*) sortira de la souche de Jessé. » Cette parole prophétique est à lire dans le contexte de la trilogie messianique d'Isaïe 7 (« La jeune femme va enfanter »), Isaïe 9 (lumière dans les ténèbres : « un enfant nous est né ») et Isaïe 11 (le rejeton de la souche, sur lequel reposera l'Esprit du Seigneur). Puisque Matthieu se réfère explicitement à Isaïe 7 et 9, il est logique de supposer aussi chez lui une allusion à Isaïe 11. L'élément particulier dans cette promesse est le fait qu'elle se rattache, au-delà de David, à la souche Jessé. De cette souche, apparemment déjà morte, Dieu fait pousser un rejeton : il pose un nouveau commencement qui, toutefois, demeure en profonde continuité avec l'histoire de la promesse qui précède.

Comment ne pas penser, dans ce contexte, à la conclusion de la généalogie de Jésus selon Matthieu – généalogie qui, d'une part, est totalement caractérisée par la continuité de l'action salvifique de Dieu, et de l'autre, à la fin s'inverse et parle d'un commencement tout nouveau, par lequel Dieu lui-même intervient, donnant une naissance qui ne provient plus d'un « engendrement » humain ? Oui, nous pouvons supposer avec de bonne raisons que Matthieu, dans le nom de Nazareth, a entendu évoquer la parole prophétique du « rejeton » (*nezer*) et dans la qualification de Jésus comme Nazôréen a vu une allusion à l'accomplissement de la promesse, selon laquelle Dieu, de la souche morte d'Isaïe, aurait donné un nouveau rejeton, sur lequel se serait posé l'Esprit de Dieu.

Si nous ajoutons que, dans l'inscription sur la Croix, Jésus a été qualifié de Nazôréen (*ho Nazôraïos*) (cf. Jn 19, 19), le titre acquiert sa pleine signification : ce qui initialement devait indiquer seulement sa provenance fait allusion toutefois en même temps à sa nature : il est le « rejeton » ; il est celui qui est totalement consacré à Dieu, du sein maternel jusqu'à la mort.

Au terme de ce long chapitre se pose la question : comment devons-nous comprendre tout cela ? S'agit-il vraiment d'une histoire qui a eu lieu, ou est-ce seulement une méditation théologique exprimée sous forme d'histoires ? À ce sujet, Jean Daniélou observe avec raison : « À la différence du récit de l'Annonciation [à Marie], l'adoration des Mages ne touche aucun aspect essentiel pour la foi. Ce pourrait être une création de Matthieu, inspirée par une idée théologique ; dans ce cas rien ne s'écroulerait » (p. 105). Daniélou lui-même, cependant, arrive à la conviction qu'il s'agit d'événements historiques dont la signification a été théologiquement interprétée par la communauté judéo-chrétienne et par Matthieu.

Pour le dire simplement : c'est aussi ma conviction. Il faut cependant constater qu'au cours des cinquante dernières années, dans l'évaluation de l'historicité, un changement d'opinion s'est vérifié, qui ne se fonde pas sur de nouvelles connaissances historiques, mais sur une attitude différente face à l'Écriture sacrée et au message chrétien dans son ensemble. Alors que Gerhard Delling, dans le quatrième volume de *Theologisches Wörterbuch zum Neuen Testament* (1942), tenait l'historicité du récit sur les Mages encore assurée de façon convaincante par la recherche historique (cf. p. 362, note 11), désormais des exégètes de claire orientation ecclésiale comme Ernst Nellessen ou Rudolf Pesch sont opposés à l'historicité ou au moins laissent cette question ouverte.

Face à cette situation, la prise de position soigneusement réfléchie de Klaus Berger, dans son commentaire de 2011 sur tout le Nouveau Testament, est digne d'attention : « Même dans le cas d'une unique attestation [...] il faut supposer – jusqu'à preuve du contraire – que les évangélistes n'entendent pas tromper leurs lecteurs, mais veulent raconter des faits historiques [...]. Contester par pur soupçon l'historicité de ce récit va au-delà de toute compétence imaginable d'historiens » (p. 20).

Je ne peux qu'être d'accord avec cette affirmation. Les deux chapitres du récit de l'enfance chez Matthieu ne sont pas une méditation exprimée sous forme d'histoires ; au contraire, Matthieu nous raconte la véritable histoire, qui a été méditée et interprétée théologiquement, et ainsi il nous aide à comprendre plus profondément le mystère de Jésus.

Épilogue

Jésus âgé de douze ans dans le Temple

En plus du récit de la naissance de Jésus, saint Luc nous a conservé un autre petit détail précieux de la tradition concernant l'enfance – détail dans lequel transparaît de manière singulière le mystère de Jésus. Il nous est raconté que, chaque année pour la Pâque, les parents de Jésus allaient en pèlerinage à Jérusalem. La famille de Jésus était pieuse, elle observait la Loi.

Dans les descriptions de la figure de Jésus, il n'est relevé parfois quasi seulement que l'aspect de contestation, le comportement de Jésus contre une fausse dévotion. Jésus apparaît ainsi comme un libéral ou un révolutionnaire. En effet, dans sa mission de Fils, Jésus a introduit une nouvelle phase de la relation avec Dieu, dans laquelle il a inauguré une nouvelle dimension du rapport de l'homme avec Dieu. Cependant il ne s'agit pas là d'une attaque à la piété d'Israël. La liberté de Jésus n'est pas la liberté du libéral. C'est la liberté du Fils et c'est ainsi la liberté de celui qui est vraiment pieux. En tant que Fils Jésus apporte une nouvelle liberté, cependant pas celle de celui qui est sans aucun lien, mais la liberté de Celui qui est totalement uni à la volonté du Père et qui aide les hommes à parvenir à la liberté de l'union intime avec Dieu.

Jésus n'est pas venu pour abolir, mais pour accomplir (cf. Mt 5, 17). Cette connexion, découlant du fait qu'il est Fils, entre une nouveauté radicale et une fidélité tout aussi radicale, apparaît aussi clairement dans le bref récit sur Jésus âgé de douze ans ; je dirais même qu'elle est le véritable contenu théologique que vise le récit.

Revenons-en aux parents de Jésus. La Torah prescrivait que pour les trois grandes fêtes – la Pâque, la fête des Semaines (Pentecôte) et la fête des Cabanes – tout Israélite devait se présenter au Temple (cf. Ex 23, 17 ; 34, 23 *sq.* ; Dt 16, 16 *sq.*). La question de savoir si les femmes elles aussi étaient contraintes à ce pèlerinage était discutée entre les écoles de Shammai et de Hillel. Pour les garçons, l'obligation entrait en vigueur dès la fin de leur treizième année de vie. En même temps, toutefois, valait aussi la prescription qu'ils devaient s'habituer petit à petit aux commandements. C'est à cela que pouvait servir le pèlerinage dès l'âge de douze ans. Le fait que Marie et Jésus aient participé au pèlerinage montre donc, une fois encore, la religiosité de la famille de Jésus.

Dans ce contexte, prêtons attention aussi au sens plus profond du pèlerinage : en allant trois fois par an vers le Temple, Israël reste, pour ainsi dire, un peuple de Dieu en pèlerinage, un peuple qui est toujours en marche vers son Dieu et qui reçoit son identité et son unité sans cesse à nouveau de la rencontre avec Dieu dans l'unique Temple. La Sainte Famille s'insère dans cette grande communauté en marche vers le Temple et vers Dieu.

Au cours du voyage de retour, une chose inattendue se produit. Jésus ne part pas avec les autres, mais il reste à Jérusalem. Ses parents ne s'en rendent compte qu'à la fin du premier jour du retour de pèlerinage. Pour eux, de toute évidence, il était tout à fait normal de supposer qu'il se trouvait quelque part dans le grand groupe. Luc utilise pour celui-ci le mot *synodía* – « communauté en marche » –, terme technique pour la caravane. Selon notre représentation, peut-être trop mesquine, de la Sainte Famille, cela nous étonne. Cela nous montre cependant, de manière très belle, que, dans la Sainte Famille, liberté et obéissance se conciliaient bien l'une l'autre. L'enfant de douze ans pouvait librement décider de rester avec les jeunes de son âge et avec ses amis pour faire le chemin en leur compagnie. Le soir, cependant, ses parents l'attendaient.

Le fait qu'il ne soit pas là n'a plus rien à voir avec la liberté des jeunes, mais renvoie de façon évidente à un autre niveau : il renvoie à la mission particulière du Fils. Pour ses parents, commencent ainsi des journées pleines d'angoisse et de préoccupation. L'évangéliste nous raconte que trois jours après seulement ils retrouvent Jésus dans le Temple où il était assis au milieu des docteurs, tandis qu'il les écoutait et les interrogeait (cf. Lc 2, 46).

Les trois jours peuvent s'expliquer de manière très concrète : une journée durant, Marie et Joseph étaient allés vers le nord, ils avaient mis une autre journée pour revenir, et le troisième jour, finalement, ils trouvent Jésus. Même si les trois jours sont donc une indication temporelle très réaliste, il faut toutefois donner raison à René Laurentin qui voit ici une allusion subtile aux trois jours entre la Croix et la Résurrection. Ce sont des journées de souffrance à cause de l'absence de Jésus, des journées d'une obscurité dont la gravité se perçoit à travers les paroles de sa Mère : « Mon enfant, pourquoi nous as-tu fait cela ? Vois ! ton père et moi nous te cherchons, angoissés » (Lc 2, 48). Ainsi, un arc s'étend depuis la première Pâque de Jésus jusqu'à sa dernière Pâque, celle de la Croix.

La mission divine de Jésus brise toute mesure humaine et devient sans cesse à nouveau pour l'homme un mystère obscur. Pour Marie, quelque chose de l'épée de la souffrance dont avait parlé Siméon (cf. Lc 2, 35) devient perceptible à cette heure-là. Plus une personne se rapproche de Jésus, plus elle est entraînée dans le mystère de sa Passion.

La réponse de Jésus à la question de sa mère est impressionnante : Comment cela ? Vous m'avez cherché ? Ne saviez-vous pas où doit être un enfant ? C'est-à-dire, qu'il doit être dans la maison de son père, « aux choses du Père » (Lc 2, 49) ? Jésus dit à ses parents : je suis exactement là où est ma place – près de mon Père, dans sa maison.

Dans cette réponse, deux choses surtout sont importantes. Marie avait dit : « Ton père et moi, nous te cherchons, angoissés. » Jésus la corrige : je *suis* chez mon Père. Ce n'est pas Joseph mon Père, mais c'est un Autre – Dieu lui-même. C'est à Lui que j'appartiens, chez lui, je me trouve. La filiation divine de Jésus peut-elle être exprimée plus clairement ?

Ainsi, la deuxième chose est directement liée. Jésus parle d'un « devoir » auquel il se limite. Le fils, l'enfant *doit* être chez son père. Le mot grec *deï*, que Luc utilise ici, revient toujours dans les Évangiles là où est présentée la disposition de la volonté de Dieu, à laquelle Jésus est soumis. Il « doit » beaucoup souffrir, être rejeté, être tué et ressusciter, comme il le dit aux disciples après la profession de Pierre (cf. Mc 8, 31). Ce « devoir », « il doit », est déjà valable, aussi à ce moment initial. Il *doit* être chez son Père, et ainsi devient-il clair que ce qui apparaît comme désobéissance ou comme liberté inopportune à l'égard de ses parents, en réalité, est vraiment l'expression de son obéissance filiale. Il est dans le Temple non comme rebelle à ses parents, mais précisément comme Celui qui obéit, avec la même obéissance qui le conduira à la Croix et à la Résurrection.

Saint Luc décrit la réaction de Marie et Joseph à la parole de Jésus par deux affirmations : « Mais eux ne comprirent pas ce qu'il leur disait », et « sa mère retenait tous ces événements dans son cœur » (Lc 2, 50-51). La parole de Jésus est trop grande pour le moment. La foi de Marie est aussi une foi « en chemin », une foi qui, à maintes reprises, se trouve dans l'obscurité et qui, en passant à travers l'obscurité, doit mûrir. Marie ne comprend pas la parole de Jésus, mais elle la conserve dans son cœur et là, elle la fait parvenir petit à petit à sa maturité.

Toujours à nouveau les paroles de Jésus sont plus grandes que notre raison. Elles dépassent toujours à nouveau notre intelligence. La tentation de les réduire, de les manipuler pour les faire entrer dans notre mesure est compréhensible. Fait partie de l'exégèse juste précisément l'humilité de respecter cette grandeur qui, avec ses exigences, nous dépasse souvent, et de ne pas réduire les paroles de Jésus à la question concernant ce dont nous pouvons « le croire capable ». Il nous pense capables de grandes choses. Croire signifie se soumettre à cette grandeur et croître pas à pas vers celle-ci.

En cela, Luc présente à bon escient Marie comme celle qui croit de façon exemplaire : « Bienheureuse celle qui a cru », lui avait dit Élisabeth (Lc 1, 45). Avec l'annotation, faite deux fois dans le récit de l'enfance, selon laquelle Marie conservait ces paroles dans son cœur (cf. Lc 2, 19, 51), Luc renvoie – comme nous l'avons dit – à la source à laquelle il puise pour sa narration. En même temps, Marie apparaît non seulement comme la grande croyante, mais comme l'image de l'Église, qui garde la Parole dans son cœur et la transmet.

« Il redescendit alors avec eux et revint à Nazareth ; et il leur était soumis [...]. Quant à Jésus, il croissait en sagesse, en taille et en grâce devant Dieu et devant les hommes » (Lc 2, 51 *sq.*). Après le moment où il avait fait resplendir l'obéissance la plus grande dans laquelle il vivait, Jésus revient à la situation normale de sa famille – dans l'humilité d'une vie simple et dans l'obéissance à l'égard de ses parents terrestres.

À l'affirmation concernant la croissance de Jésus en sagesse, en taille, Luc ajoute la formule tirée du Premier Livre de Samuel, qui se rapporte ici justement au jeune Samuel (cf. 2, 26) : il grandissait en grâce (bonté, beauté) auprès de Dieu et des hommes. Ainsi, l'évangéliste relève encore une fois la relation entre l'histoire de Samuel et l'histoire de l'enfance de Jésus, relation qui est apparue pour la première fois dans le *Magnificat*, le chant de louange de Marie, à l'occasion de sa rencontre avec Élisabeth. Cet hymne de joie et de louange de ce Dieu qui aime les petits est une nouvelle version de la prière de gratitude par laquelle Anne, la mère de Samuel, qui n'avait pas d'enfant, remercie pour le don de cet enfant par lequel le Seigneur a mis fin à sa souffrance. Dans l'histoire de Jésus – c'est ce que nous dit l'évangéliste par cette citation –, l'histoire de Samuel se répète à un niveau plus élevé et d'une manière définitive.

Ce que Luc dit à propos de la croissance de Jésus non seulement en taille, mais aussi en sagesse, est important. D'une part, dans la réponse de l'enfant de douze ans, il va de soi qu'il connaît le Père – Dieu – en son for intérieur. Lui seul *connaît* Dieu, non seulement à travers des personnes humaines qui témoignent de lui, mais il Le reconnaît en lui-même. Comme Fils, il est à tu à toi avec le Père. Il vit en sa présence. Il le voit. Jean dit qu'il est l'Unique qui « est dans le sein du Père » et qui peut donc le révéler (cf. Jn 1, 18). C'est précisément ce qui devient évident dans la réponse de l'enfant de douze ans : il est auprès du Père, il voit les choses et les hommes dans Sa lumière.

Toutefois, il est vrai aussi que sa sagesse *croît*. En tant qu'homme, il ne vit pas dans une omniscience abstraite, mais il est enraciné dans une histoire concrète, dans un lieu et dans une époque, dans les différentes phases de la vie humaine, et c'est de tout cela qu'il reçoit la forme concrète de son savoir. Il apparaît donc clairement ici qu'il a pensé et appris d'une manière humaine.

Il devient effectivement évident qu'il est vrai homme et vrai Dieu, comme l'exprime la foi de l'Église. Nous ne pouvons définir, en dernière analyse, le profond entrelacement entre l'une et l'autre dimension. Celui-ci demeure un mystère et, toutefois, il apparaît de manière vraiment concrète dans le bref récit sur l'enfant de douze ans – récit qui ouvre ainsi, en même temps, la porte vers l'intégralité de sa figure qui nous est racontée ensuite dans les Évangiles.

BIBLIOGRAPHIE

Indications générales

Klaus Berger, *Kommentar zum Neuen Testament*, Gütersloh, Gütersloher Verlagshaus, 2011.

Jean Daniélou, *Les Évangiles de l'Enfance*, Paris, Éditions du Seuil, 1967.

André Feuillet, *Le Sauveur messianique et sa Mère dans les récits de l'enfance de saint Matthieu et de saint Luc*, Pontificia Accademia Teologica Romana, Collezione Teologica vol. 4, Libreria Editrice Vaticana, 1990.

Joachim Gnilka, *Das Matthäusevangelium. Erster Teil, Herders theologischer Kommentar zum Neuen Testament*, vol. I/1, Fribourg-Bâle-Vienne, 1986.

René Laurentin, *Structure et théologie de Luc I-II*, 2 tomes, Paris, Gabalda, 1957.

René Laurentin, *Les Évangiles de l'Enfance du Christ. Vérité de Noël au-delà des mythes*, Paris, Desclée, 1982.

L'Enfance de Jésus

Salvador Muñoz Iglesias, *Los Evangelios de la Infancia*, vol. II-IV, Madrid, Editorial Católica, Biblioteca de Autores Cristianos, 1986-1990.

Erik Peterson, *Lukasevangelium und Synoptica, Ausgewählte Schriften*, vol. 5, Würzburg, Echter, 2005.

Gianfranco Ravasi, *I Vangeli di Natale. Una visita guidata attraverso i racconti dell'infanzia di Gesù secondo Matteo e Luca*, Cinisello Balsamo (MI), Edizioni San Paolo, 1992.

Marius Reiser, *Bibelkritik und Auslegung der Heiligen Schrift. Beiträge zur Geschichte der biblischen Exegese und Hermeneutik*, Tübingen, Mohr Siebeck, 2007.

Christoph Schönborn, *Weihnacht : Mythos wird Wirklichkeit. Meditationen zur Menschwerdung*, Fribourg-en-Brisgau, Johannes Verlag Einsiedeln, 1992[2] (trad. fr. *Noël. Quand le mythe devient réalité*, Paris, Desclée, 1991).

Heinz Schürmann, *Das Lukasevangelium. Erster Teil, Herders theologischer Kommentar zum Neuen Testament*, vol. III/1, Fribourg-Bâle-Vienne, 1969.

Alois Stöger, *Das Evangelium nach Lukas, 1. Teil, Geistliche Schriftlesung*, vol. 3/1, Düsseldorf, Patmos, 1963 (trad. fr. *L'Évangile selon saint Luc. 1*, Paris, Desclée, 1968).

Peter Stuhlmacher, *Die Geburt des Immanuel. Die Weihnachtsgeschichten aus dem Lukas- und Matthäusevangelium*, Göttingen, Vandenhoeck & Ruprecht, 2006[2].

Raymond Winling, *Noël et le mystère de l'Incarnation*, Paris, Éditions du Cerf, 2010.

Bibliographie

Ansgar Wucherpfennig, *Josef der Gerechte. Eine exegetische Untersuchung zu Matthäus 1-2*, Herders Biblische Studien, vol. 55, Fribourg-Bâle-Vienne, 2008.

II. L'annonce de la naissance de Jean-Baptiste et de la naissance de Jésus

Otto Kaiser, *Der Prophet Jesaja, Kapitel 1-12. Das Alte Testament Deutsch*, vol. 17, Göttingen, Vandenhoeck & Ruprecht, 1963[2].

Rudolf Kilian, *Jesaja 1-12, Die Neue Echter Bibel. Kommentar zum Alten Testament mit der Einheitsübersetzung*, Würzburg, 1986.

Hans Joachim Kraus, *Psalmen, Biblischer Kommentar*, vol. 15/1, Neukirchen-Vluyn, Neukirchener Verlag, 1960.

Hugo Rahner, *Symbole der Kirche. Die Ekklesiologie der Väter*, Salzbourg, Otto Müller, 1964.

Virgile, *Hirtengedichte*, trad. all. de Theodor Haecker, Munich, Kösel, 1953 (trad. fr. *Les Bucoliques, Les Géorgiques*, Paris, GF-Flammarion, 1967).

III. La naissance de Jésus à Bethléem

Marius Reiser, « Wie wahr ist die Weihnachtsgeschichte ? », in *Erbe und Auftrag* 79, 2003, p. 451-463.

Stefan Schreiber, *Weihnachtspolitik. Lukas 1-2 und das Goldene Zeitalter, Studien zur Umwelt des Neuen Testaments*, vol. 82, Göttingen, Vandenhoeck & Ruprecht, 2009.

IV. Les Mages d'Orient et la fuite en Égypte

Alfons Deissler, *Zwölf Propheten. Hosea, Joël, Amos, Die Neue Echter Bibel. Kommentar zum Alten Testament mit der Einheitsübersetzung*, Würzburg, 1981.

Gerhard Delling, article « Mágos », in *Theologisches Wörterbuch zum Neuen Testament*, vol. 4, Stuttgart, Kohlhammer, 1942, p. 360-363.

Konradin Ferrari d'Occhieppo, *Der Stern von Bethlehem in astronomischer Sicht. Legende oder Tatsache ?*, Brunnen, Giessen, 2003[4].

Hans Peter Müller, article « Bileam », in *Lexikon für Theologie und Kirche* (3e édition), vol. 2, col. 457.

Ernst Nellessen, *Das Kind und seine Mutter. Struktur und Verkündigung des 2. Kapitels im Matthäusevangelium, Stuttgarter Bibelstudien*, vol. 39, Stuttgart, Katholisches Bibelwerk, 1969.

Rudolf Pesch, *Die matthäischen Weihnachtsgeschichten. Die Magier aus dem Osten, König Herodes und der betlehemitische Kindermord*, Paderborn, Bonifatius, 2009.

TABLE

Chapitre 3
La naissance de Jésus à Bethléem

Chapitre 4
Les Mages d'Orient et la fuite en Égypte

Table

Épilogue

Mise en page par Meta-systems
59100 Roubaix

CET OUVRAGE
A ÉTÉ ACHEVÉ D'IMPRIMER
SUR ROTO-PAGE
PAR L'IMPRIMERIE FLOCH
À MAYENNE EN NOVEMBRE 2012

N° d'édition : L.01EHBN000594.N001 – N° d'impression : 83494
Dépôt légal : novembre 2012
Imprimé en France